Pia Herzog

Leben ohne Vergangenheit
Meine Erinnerungen liegen auf der Straße

Pia Herzog

Leben ohne Vergangenheit

Meine Erinnerungen liegen auf der Straße

Rediroma-Verlag

Bibliografische Information der Deutschen Nationalbibliothek:
Die Deutsche Nationalbibliothek verzeichnet diese Publikation in der Deutschen Nationalbibliografie; detaillierte bibliografische Daten sind im Internet über http://portal.dnb.de abrufbar.

ISBN 978-3-98527-460-4

www.rediroma-verlag.de
7,95 Euro (D)

DANKSAGUNG

An dieser Stelle möchte ich allen Menschen danken, die mir in meinem Leben begegnet sind, die es mir ermöglicht haben, so viel Fantasie zu entwickeln. Besonderer Dank gilt meinen Freunden und meiner Familie, die mich ermutigt haben, ein weiteres Buch zu schreiben. Danke für die anregenden Gespräche und Diskussionen, die entstanden sind. Danke für die Zeit! Danke, dass es euch gibt!

Danke an Herrn Daniel Bieter vom Verlag und an den Lektor, ohne den das Buch nicht fehlerfrei wäre.

Inhalt

1
Das Brautkleid

„Gefällt Ihnen das Kleid?“, fragte mich die Verkäuferin. Ich sah mich im Spiegel an. Bin ich das wirklich? Ich finde mich schön. Irgendwie sehe ich aus wie eine Prinzessin, die auf ihren Prinzen wartet. Ich neigte leicht den Kopf nach rechts, um über meine eigene Schulter zu blicken, damit ich das Kleid auch von hinten sehen konnte.

„Ja“, antwortete ich. „Es ist wunderschön.“

Meine Mutter drückte sich gerade eine Träne weg. Ich sah immer noch in den Spiegel und fragte mich, ob Martin, mein zukünftiger Ehemann, mich in diesem Brautkleid wohl schön finden würde. Das Brautkleid war reinweiß mit viel Glitzer und Spitze. Es war hochgeschlossen, aber ohne Ärmel. In acht Wochen, am 14. August, würde ich meine große Liebe heiraten. Es gab keinen besseren Ehemann als Martin. Wir hatten uns vor vier Jahren beim Oktoberfest in München kennengelernt. Als wir herausfanden, dass wir beide in Hannover wohnten, beschlossen wir, uns im Biergarten am Maschsee wiederzutreffen. Von da an trafen wir uns regelmäßig.

„Svenja, du siehst bezaubernd aus. Schatz, das ist doch dein Brautkleid, oder?“, unterbrach meine Mutter meine Gedanken.

„Ja, Mama, das Kleid soll mein Brautkleid sein."

Die Verkäuferin holte noch einen halblangen Schleier und einen Blütenkranz. Beides setzte ich auf. „So, nun ist es perfekt", sprach sie.

Wir lagen uns alle in den Armen, lachten und freuten uns. In diesem Moment war es unser aller Brautkleid. Wir tranken noch einen kleinen Schluck Prosecco und verabschiedeten uns von der netten Verkäuferin aus dem Brautmodengeschäft.

„Svenja, fährst du gleich nach Hause?"

„Nein, Mama, ich hole für mich und Martin noch eine Flasche Sekt zum Anstoßen und Sushi."

„Ok, mein Schatz, dann wünsche ich euch einen schönen Abend."

„Dir auch, Mama, und liebe Grüße an Papa."

„Mache ich."

Schon war meine Mutter um die Ecke gebogen. Ich sah auf die Uhr. 16 Uhr 30 schon, nun musste ich mich aber beeilen. Nachdem ich den Sekt und Sushi besorgt hatte, rief ich Martin an, „Hallo Schatz, bist du noch in der City?"

„Ja, ich wollte gerade nach Hause fahren. Wo bist du?"

„Ich bin auch noch in der Innenstadt. Kannst du mich am Steintor vor dem Anzeiger Hochhaus abholen?"

„Na klar, da fahre ich ja praktisch vorbei."

„Liebster, ich warte dort auf dich! Ich muss dir unbedingt mein Brautkleid beschreiben.“

„Ich dachte, das bringt Unglück?“

„Nein, nur wenn man es vorher sieht.“

Ich lief im Laufschritt zum Anzeiger Hochhaus. Da sah ich Martin schon auf der anderen Straßenseite stehen, lässig am Wagen angelehnt. Ich betrat die Fahrbahn zum Überqueren und dachte, wie verdammt gut Martin aussieht. Mist, wo kommt das Auto her? Reifen quietschten, ich spürte einen dumpfen Schlag.

2
Auf der anderen Seite des Lebens

Mir wurde heiß. Ich bekam keine Luft. In dem Moment, wo ich versuchte zu atmen, sah ich einen weißen Tunnel. In diesem Moment fühlte ich mich so leicht, als ob ich schwebte, träumte ich? Wo war ich denn? Ein wohliges Gefühl breitete sich in mir aus. Auf einmal konnte ich wieder sehen. Das war ja ich, die dort auf der Straße lag. Ein Mann drückte wie verrückt auf meiner Brust herum. Martin rief immer wieder: „Svenja, bleib bei mir, Svenja, bitte geh nicht, Svenja, bitte, ich liebe dich!“

Warum sah ich denn alles von oben? Ich schaute an mir herunter. Es war alles heile, kein Blut war zu sehen. War ich tot? Wo wa der Tunnel? Wo musste ich lang? Hey …

Schnell liefen Menschen zusammen, um zu helfen. Martin rief als erstes den Rettungswagen. Ein fremder Mann kniete neben Svenja und überprüfte die Vitalfunktion plötzlich schrie er: „Herzstillstand.“ Er begann mit einer Herzdruckmassage im Takt von „Staying Alive“. Martin stand regungslos daneben und sah dem fremden Mann zu, wie er gefühlt 15 Minuten auf Svenjas Brust drückte.

„Okay, das Herz schlägt wieder!“, sagte der fremde Mann. In diesem Moment traf der Krankenwagen ein, ein Sanitäter lief zu Svenja und übernahm die Versorgung. Der fremde Mann erhob sich und wollte gerade die Unfallstelle verlassen, als Martin sich mit gequälter Stimme bei ihm bedankte. „Vielen Dank, dass Sie meiner zukünftigen Frau geholfen haben, wie heißen Sie?"

Der fremde Mann drückte Martin wortlos eine Visitenkarte in die Hand. Martin schaute kurz drauf und steckte sie in seine Jackentasche. Bevor er noch etwas sagen konnte, war der Fremde Lebensretter verschwunden.

Nein, lass mich los, wollte ich schreien, aber es kam kein Laut aus meinem Mund. Was sollte das alles? Hilf mir doch, damit ich aufstehen kann. Ich fing an zu frieren. Die Leichtigkeit war fort.

„Wo bringen Sie meine Frau hin?", fragte Martin den Sanitäter.

„In die Medizinische Hochschule."

Erst jetzt registrierte Martin, dass die Polizei auch am Unfallort war und Zeugen befragte, wie es zu diesem Unfall kommen konnte. Nachdem auch Martin seine Aussage bei der Polizei abgegeben hatte, fuhr er in die MHH. Dort angekommen informierte er seine zukünftigen Schwiegereltern. Er versprach, sich sofort zu melden, sobald er mehr über den Gesundheitszustand von Svenja wusste.

Ein Sanitäter drückte mir eine Sauerstoffmaske

auf mein Gesicht. Ich versuchte meine Augen zu öffnen. Es ging nicht. Ich wurde so müde, ich musste schlafen.

Martin traf ca. 15 Minuten nach dem Krankenwagen in der Notaufnahme der Medizinischen Hochschule ein. „Bitte ich möchte zu meiner zukünftigen Frau, die gerade hier eingeliefert wurde."

„Wie lautet denn der Name Ihrer Frau?"

„Wir sind noch nicht verheiratet. Wir wollen in acht Wochen heiraten!"

Svenja Albrecht, geboren am 15 Mai 1983, wohnhaft in Hannover, Schulenburger Landstr.108 A. Ihr Name?"

„Martin Schreiber."

„Herr Schreiber, bitte lassen Sie eine Telefonnummer hier, damit wir Sie anrufen können."

„Ich warte, ich kann nicht nach Hause fahren."

„Sie können hier vorne gerne warten, aber es wird noch dauern."

„Danke."

Martin setzte sich vor dem Raum, an dessen Tür groß „Untersuchungsraum – Bitte nicht eintreten" geschrieben stand. Wie konnte das alles passieren? Eben noch war alles schön gewesen. Er sah immer noch Svenja auf der anderen Straßenseite stehen. Sie strahlte und winkte ihm zu. Er wollte ihr noch zurufen: „Pass auf, da kommt ein Auto.“ Da flog Svenja schon durch die Luft und schlug mit dem Kopf auf den Asphalt auf.

Nach Stunden des Wartens kam ein Arzt auf Martin zu. „Sind Sie der Ehemann?“

„Ja, der zukünftige“

„Wir mussten Frau Albrecht ins künstliche Koma legen, sie hat eine schwere Gehirnerschütterung erlitten. Die Knochenbrüche werden gut verheilen, es waren glatte Brüche. Nun braucht sie Ruhe und Zeit!“

„Oh Gott sei Dank, ich hatte schon Angst, dass sie querschnittsgelähmt ist oder gar …“ Martin mochte seinen Gedanken nicht aussprechen.

„Nein, wie gesagt, Sorgen macht uns die Gehirnschwellung. Wir wissen aber noch nicht, ob Frau Albrecht das Baby behalten wird. Sie müssen damit rechnen, dass es das nicht überlebt.“

„Welches Baby?“, fragte Martin.

„Ihre Verlobte ist im vierten Monat schwanger. Haben Sie das nicht gewusst?“

„Nein, sie hat mir nichts gesagt.“

Der Arzt schaute Martin an und sagte nochmal: „Wie gesagt, erst einmal muss sich Ihre Frau erholen, dann sehen wir weiter. Wir verlegen Ihre Frau nun auf die Intensivstation in die Innere Abteilung. Bitte gönnen Sie Ihrer Frau die Ruhe, warten Sie mit dem ersten Besuch bitte bis morgen. Wenn

Sie möchten, können Sie aber jetzt Ihre Frau für einen kurzen Moment sehen."

Martin folgte dem Arzt und erschrak über Svenjas Anblick. Der Kopf war dick bandagiert, ein Bein und ein Arm waren eingegipst und Svenja war so blass.

Martin verließ für heute die MHH und fuhr von da aus direkt zu seinen zukünftigen Schwiegereltern und berichtete von Svenjas Verletzungen.

„Hiltrud, hast du gewusst, dass Svenja schwanger ist?", flüsterte Martin.

„Was? Nein, Svenja hat nichts gesagt! Ich wusste das nicht. Im wie vielten Monat ist sie denn? Mein Gott mein armes Kind. Sie hat auch heute Mittag bei der Anprobe vom Brautkleid kein Wort darüber verloren."

Hiltrud konnte ihre Tränen nicht zurückhalten. Nach einer ganzen Weile fragte Hiltrud, wo denn das Brautkleid wäre.

„Ich habe bei Ihren Sachen kein Brautkleid gesehen, nur eine Einkaufstasche mit Sekt und Sushi für uns heute Abend, nehme ich an. Ich kann aber morgen gerne nachfragen, wo das Brautkleid geblieben ist", antwortete Martin.

Er verabschiedete sich bald darauf von seinen Schwiegereltern. Er wollte jetzt lieber alleine sein. Wann wollte Svenja mir erzählen, dass sie ein

Kind von mir erwartet? Diese Frage ging ihm immer wieder durch den Kopf.

Nach einer schlaflosen Nacht machte Martin sich schon sehr früh auf dem Weg ins Krankenhaus. Er hatte noch schnell ein Nachthemd, Pflegeprodukte, Taschentücher usw. für Svenja eingepackt. Eine nette Schwester nahm Martin in Empfang. Sie tätschelte Martin am Arm. „Sie werden sehen, es wird alles wieder gut. Ihre Frau ist stabil. Sie hatte eine ruhige Nacht."

„Ist sie aus dem Koma erwacht?", fragte Martin.

„Nein das wird wohl noch etwas dauern."

Auf der Intensivstation angekommen sah Martin, dass Svenja überall an Schläuche angeschlossen war. Die Ergebnisse wurden auf einen Monitor übertragen. Die Monitore gaben einen gleichmäßigen Ton ab. „Hallo, Schatz, wie geht es dir?" Er erhielt keine Antwort. „Svenja, kannst du mich hören?" Martin streichelte ganz vorsichtig Svenjas Handrücken. Da, war da nicht ein kleines Zucken? Er hatte sich wohl getäuscht.

Ich hörte eine Stimme, die mit mir sprach, aber ich verstand den Sinn nicht. Aua, was war das auf meiner Hand? Ich wollte die Augen öffnen, aber es ging nicht. Schlaf, Svenja, schlaf dich gesund. Es wird alles gut. Ich merkte wie ich wieder müde wurde, aber eigentlich wollte ich sehen, wer mit mir sprach. Oh, da war der Tunnel und es wurde wieder warm und friedlich.

Martin schrie: „Schnell, Schwester! Hallo, ist hier keiner?“

Die Monitore piepsten extrem laut einen langanhaltenden Ton.

„Weg, raus hier, sofort!“, schrie ihn ein Arzt an. „Herzstillstand! Spritze aufziehen, wir müssen reanimieren, weg vom Bett!“ Svenjas Brustkorb hob leicht ab. „Zurück treten, nochmal!“

Svenjas Körper ging noch mal nach oben. Dann endlich piepsten die Monitore wieder gleichmäßig.

„Da ist sie ja wieder!“, verkündete der Arzt und zu Martin, der vor der Tür stand, sagte er: „Bitte gehen Sie nach Hause, Sie können im Moment nichts tun.“

Martin zitterten vom Erlebten die Knie.

Nein, Svenja, du bist noch nicht dran, durch den Tunnel zu gehen. Geh zurück in deinen Körper, schnell.

Aber hier ist doch Licht und es ist warm, ich fühle mich so wohl.

Svenja machte in Gedanken einen Schritt zurück und konnte wieder nichts sehen. Die Augen gingen nicht auf.

Martin verließ das Krankenhaus, kam danach aber jeden Tag wieder, so vergingen zweiundvierzig Tage und zweiundvierzig Nächte. Stunden verbrachte er an Svenjas Bett, genau wie Svenjas Eltern. Er las ihr aus ihrem Lieblingsbuch vor, dessen Geschichte er schon fast auswendig konnte. Er hörte immer wieder mit ihr ihre Lieblingsmusik, Michael Blunt, er streichelte unermüdlich Svenjas Hand und ihr Gesicht und erzählte ihr, was in der Welt geschah.

Svenja erholte sich langsam. Die Brüche waren mittlerweile verheilt der Gips war ab. Das Baby im Bauch wollte bei Svenja bleiben. Es war zwar nicht ganz so gut entwickelt, aber laut den Ärzten hatte das Baby eine Chance. Svenja war nun Anfang des sechsten Monats.

Dann kam der von allen ersehnte Tag, wo Svenja aus dem Koma geholt werden sollte.

Dr. Carl, sein Stationsarzt und Martin waren anwesend als Dr. Carl Svenja bat: „Svenja, können Sie die Augen aufmachen und uns ansehen?“

Ich versuchte die Augen zu öffnen, aber es war irgendwie schwer. Die Augen wollten wie so oft einfach nicht aufgehen. Da nahm jemand meine Hand in seine. „Svenja, wenn Sie mich hören, bitte drücken Sie die Hand.“

Ich versuchte zu drücken, es ging.

„Na bitte, versuchen Sie bitte nochmal die Augen zu öffnen."

Ich strengte mich an und sah drei Männer an meinem Bett. Keine Ahnung, wer die waren.

3
Meine Erinnerungen liegen auf der Straße

„Wie schön, Svenja. Ich darf doch Svenja sagen, oder? Ich bin Dr. Carl, Ihr behandelnder Arzt, und das ist unser Stationsarzt Dr. Lutz, und den dritten Mann muss ich Ihnen ja nicht vorstellen, oder?“

„Ich kenne diesen Mann nicht“, antwortete ich.

Alle Männer sahen sich an und Dr. Carl sagte: „Mädchen, das wird schon, die Erinnerungen kommen wieder. Wissen Sie denn, wie Sie heißen?“

„Ja, Svenja Albrecht“, antwortete ich.

„Großartig. Wissen Sie auch, wo Sie wohnen?“

„Nein!“

„Ihr Geburtsdatum?“

„Ja, 15. Mai 1983.“

„Prima dann lassen wir Sie erst einmal in Ruhe. Bitte schonen Sie sich noch, das ist sehr wichtig. Frau Albrecht, wissen Sie noch, dass sie ein Baby erwarten? Sie sind Anfang des sechsten Monats. Dem Baby geht es so weit ganz gut, es ist nur sehr zart, auch deshalb wäre es gut, wenn Sie alles langsam angehen lassen. So, meine Herren, wir lassen unsere Patientin mal alleine. Auch Sie, Herr Schreiber, bitte kommen Sie mit hinaus.“

Martin ging mit vielen Fragezeichen im Gesicht aus dem Zimmer. „Warum erinnert sie sich an alles nur an mich nicht?“

„Wir wissen es noch nicht. Vielleicht gibt es noch viel mehr Lücken, wir müssen behutsam mit ihr sein und dürfen sie nicht überfordern“, sprach Dr. Carl und verabschiedete sich von allen.

Martin fuhr völlig verwirrt zu seinen Schwiegereltern.

Ich hatte nicht geantwortet. Ich bekam ein Baby? Von wem? Hatte ich mir denn ein Kind gewünscht? Wer war der Typ in der Jeans? War ich verheiratet? Mein Gott, wer war ich? Warum konnte ich mich denn nicht erinnern?

„Hallo Frau Albrecht, ich bin Schwester Britta und bringe Ihnen ein leichtes Süppchen. Guten Appetit, Frau Albrecht, lassen Sie es sich schmecken!“

„Schwester Britta welchen Tag haben wir heute?“

„Wir haben heute Samstag, den 31. Juli 2021.“

„Seit wann liege ich hier in diesem Krankenhaus?“

Schwester Britta sah kurz in der Patientenakte nach, die sie gerade auf dem Essenwagen abgelegt hatte, und sagte: „Seit dem 19. Juni 2021. Sie sind heute, nach zweiundvierzig Tagen, aufgewacht.“

„Danke, Schwester.“

Zweiundvierzig Tage fehlten mir in meinem Leben. Doch was war vor meinem Unfall? Während ich die Suppe aß und mich viermal daran verschluckte, sie schmeckte mir sehr gut, freute ich mich, dass mir eingefallen war, dass ich eine Hühnersuppe zu mir nahm.

Martin kam in einem aufgelösten Zustand bei seinen zukünftigen Schwiegereltern Hiltrud und Paul an. „Sie weiß nicht mehr, wer ich bin! Sie erinnert sich nicht mehr an mich. Sie weiß nichts von uns, sie weiß nicht mehr, dass wir ein Baby bekommen!“ Martin fing hemmungslos an zu weinen.

Hiltrud und Paul sahen sich an. „Was sagen die Ärzte? Kann die Erinnerung wiederkommen?“

Martin zuckte nur mit den Schultern.

„Martin, lass uns morgen zusammen zu Svenja ins Krankenhaus fahren, wir nehmen alte Fotoalben mit und ihre alte Lieblingspuppe Lena. Du wirst sehen, dann kommen die Erinnerungen wieder.“

Ich hatte eine unruhige Nacht, ich sah Bilder die verschwommen waren, hörte Stimmen, konnte aber nicht verstehen was gesagt wurde. Irgendwann am frühen Morgen, kam mit einen strahlenden Lächeln Schwester Britta ins Zimmer. „Na Svenja was hältst du von duschen und Haare waschen?“

„Hm, ja, klingt gut.“ Ich stand langsam mit Hilfe von Schwester Britta auf, ging mit ihr ins Badezimmer und schaute in den Spiegel. Das war ich, Svenja, 38 Jahre alt, dunkelbraune Haare, die mir auf meinen Busen fielen, gerade geschnitten, ein schönes ebenmäßiges Gesicht, blaue Augen, eine kleine Nase mit winzigen Sommersprossen, schlank, 173 cm groß, einen kleinen Bauch, ich streichelte sanft darüber, zog aber sofort meine Hand wieder zurück. Das Wasser prickelte auf meiner Haut, ich begann mich einzuseifen und meinen Körper zu spüren, er fühlte sich gut an, ich hatte eine zarte Haut.

Britta sah mich lächelnd an und sagte: „Du, ich habe leider nicht ewig Zeit, andere Patienten möchten auch geduscht werden.“

Ich nickte und spülte den Schaum fort. „Britta hast du eine Schere?“

„Ja, habe ich, warum?“

„Ich möchte mir die Haare schneiden, sie sehen so langweilig aus!“

„Kannst du das denn?“

„Ja, ich bin doch Visagisten und Stylistin von Beruf und ganz am Anfang habe ich eine Ausbildung zur Friseurin gemacht.“

„Na dann mal los.“

Britta reichte mir die Schere, ich schnitt meine Haare auf Schulterlänge ab mit einem Pony.

„Wow, wenn ich Feierabend habe komme ich zu dir!“, lachte Britta. „Schön dass du dich daran erinnert hast!“

Stimmt, ja ich hatte mich erinnert!

4
Mit 38 Jahren lerne ich meine Eltern kennen

Nachdem ich geduscht war, legte ich mich ins Bett und versuchte mich an irgendetwas zu erinnern. Es kam nichts in meinen Kopf. Es klopfte an der Tür.

„Ja, herein", rief ich zaghaft.

„Hallo Svenja, gut siehst du aus! Hast du dir die Haare geschnitten? Ach, Kind wie furchtbar das alles ist, wir haben uns solche Sorgen gemacht."

„Nun Hiltrud, sei mal ruhig, du, mit deinem ewigen Geplapper. Lass unsere Svenja doch erst einmal in Ruhe."

Ich schaute mir die drei Menschen an, die mein Zimmer betraten. Wer waren die? Keine Ahnung! Doch, den einen, den erkannte ich wieder, der war gestern schon einmal da gewesen. Martin oder so. Der hatte bis jetzt noch nichts gesagt.

„Guten Tag", antwortete ich. Ich reichte jedem die Hand. Die Frau, deren Namen Hiltrud war, brach sofort in Tränen aus und auch ihr Mann wischte sich eine Träne weg. Sie ignorierte meine Hand und wollte mich umarmen. Ich rutschte zur linken Bettseite, um einen größeren Abstand herzustellen. Daraufhin fing die Frau, Hiltrud, richtig an zu schluchzen. „Wir sind es doch deine Eltern, Mama und Papa!", schrie die Frau.

Ich senkte den Blick. „Tut mir leid, ich kann mich nicht erinnern.“

„Wir haben extra Fotos mitgebracht, damit du dich erinnern kannst. Lass sie uns anschauen.“

Schon hielt Hiltrud mir ein Foto unter die Nase. „Da, sieh hin, das bist du als Baby, wie süß du warst und hier bei Papa auf dem Arm. Kind, das kannst du doch nicht alles vergessen haben?“

„Schluss jetzt!“, rief der Mann von Hiltrud. „Also, Svenja, ich heiße Paul und bin dein Papa, das ist deine Mutter Hiltrud und den jungen Mann kennst du ja vom Sehen schon, das ist Martin, dein Verlobter. Du hast keine Geschwister und deine Großeltern leben leider nicht mehr.“

Ich nickte und sagte: „Schön, euch kennenzulernen.“

Nachdem meine Eltern aufgelöst nach Hause gegangen waren, saß nur Martin an meinem Bett. „Liebe Svenja, ich will dir helfen, dich zu erinnern. Mir fällt es nur sehr schwer, weil ich mir nicht vorstellen kann, wie das ist, wenn alles oder fast alles ausgelöscht ist. Erinnerst du dich gar nicht mehr an mich? Kein bisschen? Keine Küsse? Wie ich rieche? Schmecke?“

„Nein, Martin ich kann mich an nichts erinnern.“

„Wir wollten am 14 August heiraten? Das ist in dreizehn Tagen! Wir bekommen ein Kind! Du hast es mir leider nicht selber erzählt, sondern ich habe es erst durch deinen Arzt erfahren, dass du Anfang des vierten Monats warst, als der Unfall passierte. Wann wolltest du mir von der Schwangerschaft erzählen? Da fällt mir ein, ist bei dir im Schrank eigentlich die Tasche mit deinem Brautkleid?“

„Nein, ich war heute Morgen an meinem Schrank um mir neue Wäsche anzuziehen, da ist kein Brautkleid.“

„Warum hast du dir die Haare abgeschnitten und dann noch einen Pony? Du hast immer behauptet, solche Frisuren sind nichts für dich.“

„Jetzt finde ich meine Frisur aber gut! Ich weiß nicht, wer ich bin, was ich mag und was nicht! Wenn ich mich nie wieder erinnern kann, was soll ich denn machen? Heiraten werde ich definitiv nicht in 14 Tagen! Die Vorstellung, ein Kind zu bekommen, ist für mich in dieser Situation schon unerträglich!“

„Svenja wie redest du? Ich erkenne dich nicht wieder?“

„Ja, dann sind wir ja schon zu zweit! Ich kenne mich auch nicht! Bitte geh jetzt, ich möchte alleine sein.“

Martin verließ geknickt das Zimmer. Auf dem Flur traf er zufällig Dr. Carl. „Hallo Dr. Carl. Ich komme gerade von meiner Verlobten, sie kann sich an nichts erinnern? Wie geht das denn, dass sie weiß, wie sie heißt, wie alt sie ist, aber mich und ihre Eltern vergessen hat? Selbst an das Baby kann sie sich nicht erinnern."

„Ihre Verlobte hatte eine starke Hirnschwellung, dadurch erlitt sie eine retrograde Amnesie. Es kann sein, dass sie Menschen trifft, die sie auf Anhieb erkennt, weil die in ihr eine Erinnerung auslösen, es ist aber wahrscheinlicher, dass ihr die Erinnerung für immer fehlen wird. Mit etwas Glück kommen Bruchstücke aus ihrer Vergangenheit zum Vorschein."

„Wie sollen wir alle damit weiterleben?", fragte Martin.

„Ihre Verlobte hat sich schon mal in Sie verliebt, also müssen Sie doch etwas haben, worauf sie reagiert, was Sie an Ihnen liebt. Finden Sie es heraus und verlieben auch Sie sich neu in Svenja. Denn es ist sehr wahrscheinlich, dass sich ihr Wesen verändert hat. Sie können natürlich sich auch Hilfe bei einer Psychologin holen, aber ich fürchte, der Weg ist sehr lang und viel schwerer. Akzeptieren Sie, dass Svenja nun vielleicht ein wenig anders ist. Ich muss leider noch zu einem anderen Patienten, Herr Schreiber. Ach, möchten Sie eigentlich wissen, welches Geschlecht das Baby hat?"

„Ja, gerne."

„Es ist ein Mädchen."

„Danke, Dr. Carl."

Martin musste sich umdrehen, seine Tränen konnte er nicht zurückhalten.

Wenn war schwanger bin und Martin heiraten wollte, dann musste ich ihn doch geliebt haben. Wo war denn die Schublade mit den Gefühlen? Ich legte meine Hand auf den Bauch. Es regt sich nichts. Auch gut.

Als Martin zuhause ankam, rief er Freunde und Bekannte an und erzählte von Svenja. Keiner konnte sich vorstellen, dass man ausgerechnet ihn oder sie vergessen haben sollte. Am schlimmsten traf es Julia, die beste Freundin von Svenja.

„Martin du spinnst, das kann sie nicht alles vergessen haben, wir sind zusammen zur Schule gegangen, haben zusammen unser Abitur gemacht, den ersten Joint zusammen geraucht. Ich sollte doch ihre Brautjungfer sein? Niemals, Martin. Ich werde Svenja morgen besuchen und dann werden wir ja sehen. Ich werde genug Bilder mitnehmen. Das klappt schon." Mit diesen Worten legte Julia den Telefonhörer auf.

Zaghaft klopfte Julia nächsten Morgen an die Krankenzimmertür von Svenja an. Danach trat sie auch schon ins Zimmer. „Hey, meine Süße wie geht es dir? Alles wieder in Ordnung? Ich bin gekommen, damit wir deine Hochzeit planen können. Wird ja nun Zeit, oder?"

„Entschuldigung, wer sind Sie? Haben Sie sich eventuell in der Tür geirrt?"

„Wenn ich das gesagt hätte, Süße, ich hätte dich beinahe mit der neuen Frise nicht erkannt. Aber steht dir gut, echt, auch der Pony. Macht dich seriöser. Svenja du erkennst mich echt nicht? Mach keinen Scheiß, wo zum Teufel sind alle deine Erinnerungen hin? Du bist meine beste Freundin und mein Kalender, weil ich immer alles vergesse."

„Es tut mir leid", sagte ich grinsend. „Sagst du mir deinen Namen?"

„Julia, ich bin Julia! OK, ich habe Fotos dabei, vielleicht hilft dir das auf die Sprünge. Schau mal, das bist du auf dem Klassenfoto und das bin ich. Hier waren wir auf unserer ersten Klassenfahrt im Deister, in Wennigsen, und hier ..."

„Bitte, Julia, hör auf, ich bekomme Kopfweh, das ist alles viel zu viel für mich. Können wir nicht versuchen, Freundinnen ohne Erinnerungen zu werden? So, als würden wir uns gerade erst kennenlernen?"

„Die Idee ist großartig, hätte glatt von mir sein können", sagte Julia und lachte dabei. „Was hast du heute gegessen, Svenja?"

„Bohnensuppe mit Paprika."

„Paprika? Du magst keine Paprika."

„Die hat mir aber geschmeckt!"

„Gut und wo hast du dein Brautkleid gekauft?"

„Keine Ahnung."

„In welcher Straße ist dein Friseur?"

„Bitte, Julia, ich weiß das alles nicht."

„Aber ich weiß, die neue Svenja mag Paprika. Ab sofort wird die Pizza bei Antonio mit Paprika bestellt. Wie lange musst du denn noch hier im Krankenhaus bleiben?"

„Ich weiß nicht. Wo wohne ich denn?"

„Na, bei Martin."

„Da kann ich unmöglich wohnen. Ich kenne den doch nicht."

„Deine Eltern haben nur eine Dreizimmerwohnung, da kannst du wohl auch nicht hin."

„Die kenne ich auch nicht."

„Mensch, Svenja, ich merke schon, du wirst ein spannendes Leben führen mit dem Satz ... *und täglich grüßt das Murmeltier*."

„Was ist das?"

„Ach, Süße, das ist aus einem Kinofilm."

„Seit wann wohne ich denn bei Martin?"

„Lass mich mal nachdenken, ich glaube, seit zwei Jahren."

„Er ist mir so fremd …"

„Svenja, gib euch eine Chance, auch wegen dem Baby. Ich lasse dich nun alleine. Es ist bestimmt alles sehr kompliziert für dich, aber ich komme wieder – beste Freundin."

„Ich freue mich, so eine Freundin wie dich zu haben. Tschüss, Julia."

Als Julia an der Tür war, kam gerade Dr. Carl zur Visite mit seinem Gefolge aus Schwestern und Assistenzärzten ins Zimmer.

„Guten Morgen, Svenja, so früh schon Besuch empfangen?"

„Ja, meine neue Freundin Julia, alte Freunde habe ich ja nicht mehr."

„Das heißt es sind keine weiteren Erinnerungen hinzugekommen?"

„Nein, außer dass meine Freundin erzählt hat, früher mochte ich keine Paprika, nun finde ich den Geschmack lecker."

„Ja das ist gar nicht so ungewöhnlich, dass die Geschmacksnerven sich auch nicht daran erinnern, was wir mochten und was nicht. Schlafen Sie gut?"

„Ja, tief und fest."

„Keine Bilder vom Unfall?"

„Nein", antwortete ich ein wenig traurig.

„Svenja, wir müssen über Ihre Entlassung reden. Es gibt für uns Ärzte keinen Grund, Sie länger hier zu behalten, die Brüche sind verheilt und alles andere braucht Zeit. Wir werden uns heute noch einmal das Baby ansehen, wie die Entwicklung ist. Spüren Sie Bewegungen? Ihrem Mann haben wir mitgeteilt, welches Geschlecht das Baby hat. Möchten Sie es auch wissen, Svenja?"

„Nein, ich spüre keine Bewegungen und ich möchte auch das Geschlecht nicht wissen. Ich habe mir überlegt, dieses Kind zur Adoption freizugeben."

Betreten schauten alle zu Boden.

„Schwester Britta holt Sie gleich zur Untersuchung ab."

Dr. Carl und sein Gefolge verabschiedeten sich und verließen das Zimmer.

Nach wenigen Minuten kam Schwester Britta und schob mich im Rollstuhl zur Frauenärztin Frau Dr. Werner. Wir sprachen erst, als sie mit der Ultraschalluntersuchung anfing.

„Frau Albrecht wie geht es Ihnen?"

„Gut so weit."

„Das Baby ist sehr zart und klein, hat aber ein kräftiges Herz. Ich kann keine Auffälligkeiten entdecken. Es ist alles normal. Dr. Carl erzählte mir, dass Sie das Baby zur Adoption freigeben möchten. Ich persönlich kann diesen Schritt verstehen, aber sie sollten bedenken, dieses Baby ist ein Wunder und Sie sind achtunddreißig Jahre alt. Wie groß ist Ihre Chance auf ein Baby, an dessen Zeugung sie sich erinnern können? Bis Sie Ihr Leben wieder im Gleichklang haben, können Jahre vergehen.“

„Das ist der Grund warum ich mein Kind nicht behalten möchte. Ein Kind hat doch das Recht auf Liebe der Eltern.“

„Dann ziehen Sie doch lieber eine Pflegschaft in Erwägung als eine Adoption, die können Sie nie wieder rückgängig machen!“

„Ich werde darüber nachdenken. Danke für das Gespräch.“

Schweigend schob mich Schwester Britta in mein Zimmer. Im Zimmer wartete schon Martin auf mich.

„Guten Morgen, Svenja. Dr. Carl hat mich informiert, dass du heute endlich entlassen wirst.

5
Zuhause

„Ich freue mich, dass ich dich mit nach Hause nehmen kann. Du wirst sehen die vertraute Umgebung wird dir guttun.“

Ich nickte stumm. Wenigstens einer wusste anscheinend, was gut für mich ist. Martin trug meine Tasche zu unserem Auto und verstaute sie im Kofferraum. Ich setzte mich auf den Beifahrersitz und schnallte mich an. Als Martin den Motor anließ und losfuhr, fiel mir plötzlich ein, dass ich auch einen Führerschein besaß. Ich behielt mein Wissen aber für mich.

Martin redete während der Fahrt ununterbrochen mit mir. Ich hörte nicht hin. Ich sah die Straßen, die Geschäfte, ich sah nach links und rechts. Manches kam mir irgendwie bekannt vor und manches sah ich zum ersten Mal.

Martin stoppte den Motor. „So, wir sind da.“ Er kam um das Auto herum und half mir beim Aussteigen, obwohl ich körperlich doch wieder fit war. Ich schwieg. Ich las auf dem Klingelschild Svenja Albrecht/Martin Schreiber. Dann stand ich im Flur. Martin ging voraus in ein Zimmer.

„Komm, willst du dort auf dem Flur stehen bleiben?“

„Ich muss dringend zur Toilette und weiß nicht,

wo sie ist.“

„Svenja, die erste Tür rechts.“

„Danke.“ Ich musste nicht, aber mir war das alles zu viel.

Hier sollte ich wohnen und ich erkannte nichts wieder. Das Badezimmer gefiel mir, es war weißblau im orientalischen Stil gefliest, blaue schöne Handtücher, ein großer Spiegel mit vielen Verzierungen, auch orientalisch angehaucht. Darunter befand sich ein moderner Waschtisch. Ich zog die Schublade auf. Mein Gott, waren das alles meine Schminkutensilien? Mindestens 20 verschiedene Nagellacke Make-up, Parfüms, ich roch daran, ja, stimmt, Jasmin-Duft, ich schloss die Augen und atmetet noch einmal diesen süßen schönen Duft ein.

„Svenja ist alles in Ordnung mit dir?“

„Ja.“

Ich ging aus dem Bad in die Richtung, wo ich meinte, Martins Stimme gehört zu haben. Ins Wohnzimmer. Auf dem Tisch standen Blumen. Martin sah meinen Blick und sagte: „Deine Lieblingsblumen, weiße Orchideen.“

„Aha“, sagte ich bloß. Ich ging langsam wie in Zeitlupe durch das Wohnzimmer, nahm Bücher in die Hand, Bilderrahmen, die mich und Martin zeigten, irgendwo im Urlaub am Strand, kleine Mitbringsel aus dem Urlaub standen in den Regalen. Dann ging ich ins Schlafzimmer und erschrak. Hier sollte ich geschlafen haben? An der hinteren Wand, vor der das weiße Bett stand, klebte eine schwarzsilberne Tapete von Harald Glööckler.

„Habe ich in diesem Schlafzimmer geschlafen?“, fragte ich Martin.

„Ja, natürlich, Svenja, hier haben wir unsere Nächte zusammen verbracht, uns geliebt, gelacht und …“ Den letzten Satz sprach Martin nicht zu Ende.

„Ich finde diese Tapete schrecklich!“

„Ich mochte sie auch nie, aber es war dein Geschmack, du wolltest die unbedingt haben.“

„Tut mir leid, Martin. Können wir die Wand bitte weiß streichen?“

„Ja, klar, kein Problem. Ich nehme an, du möchtest hier alleine schlafen, ich ziehe dann in dein Büro.“ Martin verließ mit gesenktem Kopf das Schlafzimmer.

Ich ging in den nächsten Raum. Mein Büro war mit alten Möbeln in Mahagoni eingerichtet, ein massiver Schreibtisch direkt am Fenster, zwei Regale mit Büchern und Ordnern, sauber beschriftet, eine grün gemusterte Couch stand an der gegenüberliegenden Wand, auf dem Schreibtisch stand mein Laptop. Ich öffnete den Deckel und gab das Passwort ein. Error! Nochmal ein anderes Passwort, es klappte, unglaublich, ich wusste mein

Passwort. Ich setzte mich auf den Bürostuhl und öffnete den Ordner „persönliche Daten“ auf meinem Laptop. Alle meine Bilder waren in Ordnern sortiert. Urlaub, Feste, privat, geschäftlich, Familie. Dann öffnete ich das E-Mail-Programm, 165 neue Nachrichten. Ich schloss den Laptop. Das Büro gefiel mir und kam mir bekannt vor. Hier fühlte ich mich am wohlsten. Deshalb bat ich Martin, ob ich nicht im Büro auf dem Sofa schlafen könnte. Er hatte nichts dagegen.

„Ich habe deine Eltern heute zum Kaffee eingeladen. Paul freut sich total auf dich. Er ist so dankbar, dass du lebst, Hiltrud natürlich auch, aber du kennst sie ja. Martin brach mitten im Satz ab. Entschuldige bitte.“

„Schon gut“, antwortete ich, „du musst mich nicht mit Samthandschuhen anfassen.“

Ich war dankbar, dass meine Eltern unser Kaffeetrinken nicht überstrapazierten. Beide gaben sich große Mühe, nicht immer nur von früher zu erzählen. Als meine Eltern gegangen waren, sah Martin mich an und fragte, wie es dem Baby gehe. Ich erzählte ihm, dass ich für das Baby nicht da sein könne, dass ich mir das nicht zutraue und deshalb mit dem Gedanken spiele, das Baby an Pflegeeltern abzugeben. Martin wurde, während wir sprachen, immer blasser. „Das kannst du nicht machen, es ist doch auch mein Kind! Du kannst das doch nicht alleine entscheiden! Svenja, es ist unser Baby!“

„Wir sind nicht verheiratet also ist es mein Baby.“

Nach diesem Satz drehte sich Martin um, nahm den Haustürschlüssel vom Haken und ging zur Tür. Kurz bevor er draußen war, drehte er sich zu mir um und sagte: „Du brauchst nicht auf mich zu warten.“

Kaum war Martin gegangen, inspizierte ich die Wohnung. Als erstes ging ich in das Schlafzimmer und schaute mir meine Kleidung an. Es war alles dabei, Jeans, Kleider, Blusen, nur keine Röcke. Komisch, dachte ich. Naja, vielleicht mag die neue Svenja ja doch Röcke. Das nächste Mal werde ich im La-Belle mal einen Rock anprobieren. La-Belle? Schnell lief ich in mein Büro, nahm einen Zettel und notierte „La-Belle = Kleidung gekauft“. Ich freute mich, mir waren heute schon drei Dinge eingefallen, mein Passwort, mein Führerschein und La-Belle.

Danach ging ich wieder ins Büro und öffnete meinen Laptop. Ich schaute in meinen Mail-Account, wer die Absender waren. Kein Name kam mir bekannt vor. Ich schrieb die Namen auf einen Zettel, um später Martin zu fragen, wer diese Personen waren. Ein Name tauchte besonders oft auf. Erik. Ich öffnete seine letzte Mail, die wurde an meinen Unfalltag morgens geschrieben.

Warum meldest Du dich nicht? Wo zum Teufel steckst Du? Auch die Agentur gibt mir keine Auskunft. Svenja, was wolltest Du mir unbedingt mitteilen, was Du mir am Telefon nicht sagen konntest?

Dies ist jetzt von meiner Seite aus die Letzte Mail. Du weißt, wo Du mich findest. Leb wohl. Erik

Daraufhin las ich alle Mails von Erik, sie ähnelten sich sehr. Ich sollte mich doch endlich melden. Wir müssen reden. Ich weiß nicht, warum aber auf dem Zettel mit den Namen fügte ich Eriks Namen nicht hinzu. Ich klappte den Laptop zu. Danach schaute ich in die Schubladen und fand Kontoauszüge. Noch bevor ich auf den Auszug sah, fiel mir die IBAN-Nummer ein. Ich kontrollierte sie, stimmt! Also, Zahlen schienen wiederzukommen. Ich sah auf den letzten Auszug und las: „Brautkleid Modell Prinzessin, 2800 Euro." Stimmt, aber wo war denn das Brautkleid? Ich schaute auf den Kalender. In zwölf Tagen wäre der Hochzeitstermin. Ich fügte auf meinen Zettel „Hochzeit absagen" hinzu.

Martin fuhr zu Julia. Julia öffnete die Tür und fragte direkt nach Svenja. Martin erzählte Julia, wie anstrengend es mit Svenja war. „Sie erinnert sich nur an bestimmte Dinge. Sie hat plötzlich einen anderen Geschmack, was ihre Frisur, Tapeten und so weiter angeht. Julia, stell dir vor, sie möchte unser Baby zu Pflegeeltern abgeben und weil wir nicht verheiratet sind, habe ich keine Rechte! Hast du einen Whisky für mich?“, fragte Martin.

„Für dich immer, bester Freund.“ Julia schenkte Martin den Whisky ins Glas. „Martin, such dir einen Anwalt wegen dem Baby!“

„Nein, Julia, das werde ich nicht machen. Ich möchte den Druck auf Svenja nicht erhöhen. Bestimmt handelt sie so, weil sie selber nicht weiter weiß. Ich habe mir überlegt, ob ich Paul und Hiltrud bitten kann, mir bei der Betreuung des Babys zu helfen.“

„Ach lieber Martin, wie grausam das Schicksal doch ist. Wenn ich dir helfen kann, ich bin immer für dich da.“

„Danke, liebe Julia, ich muss nun auch wieder los. Ach was ich dir noch sagen wollte, die Hochzeit findet nicht statt. Ich werde morgen alle eingeladenen Gäste persönlich anrufen und absagen. Dir teile ich es hiermit als erste mit.“

„Das dachte ich mir bereits.“

Julia begleitete Martin noch bis zur Haustür und verabschiedete sich dann.

Martin klingelte an seiner eigenen Wohnungstür bevor er dann seinen Schlüssel nahm, um aufzuschließen. Svenja saß im Büro.

„Warum hast du mir die Tür nicht geöffnet?“

„Weil ich wusste du hast einen Schlüssel und andere Personen möchte ich nicht sehen“, erwiderte ich.“

„Hm“, das war alles, was Martin dazu zu sagen hatte. „Möchtest du, dass ich wieder gehe? Ich fühle mich irgendwie gerade überflüssig, dabei möchte ich mit dir ein paar wichtige Dinge besprechen.“

Ich sah Martin an und sagte: „Ja, ich weiß.“

„Mir ist wichtig, dass die Hochzeit abgesagt wird, und ich hoffe, du verstehst das, dass ich dich nicht heiraten kann.“

Um von dem Thema abzulenken, sagte ich: „Stell dir vor, mir ist meine IBAN eingefallen, einfach so! Ach, und, Martin, bitte hilf mir bei den Menschen, die ich vergessen habe. Ich habe eine Liste erstellt mit Namen, die mir eine E-Mail geschrieben haben. Mir ist eingefallen, dass ich selbstständig bin als Visagistin und Stylistin. Habe ich von meinem Büro hier gearbeitet? Es kommt mir hier irgendwie alles vertraut vor.“

Martin lachte. „Dein Ehrgeiz in Ehren, aber nun bestelle ich uns eine Pizza und beim Essen können wir die Liste gerne durchgehen, ok?“

„Ja, und meine Pizza bitte mit Paprika.“

„Ich hörte schon davon, dass du nun Paprika magst. Geht klar. Auf Rotwein verzichtest du sicher wegen unseres Babys.“

Ich sah zu Boden.

Beim Essen gingen wir meine Liste durch. Ich konnte mich an nichts erinnern, schrieb mir aber die Haarfarbe und besondere Merkmale, die Martin wusste, auf. Manchmal stand Martin auf und zeigte mir ein Foto von demjenigen. Viele Notizen speicherte ich mir nun auch bei den Kontakten in meinem Handy ab. Wir saßen fast vier Stunden am Tisch und mir fielen die Augen zu.

„Svenja, es wird Zeit fürs Bett. Auch wenn ich es komisch finde, das du im Büro schläfst, freue ich mich, dass du hier bist. Darf ich dich drücken?“

„Ja, darfst du“, erwiderte ich zaghaft.

Martin nahm mich in den Arm und ich konnte sein Rasierwasser riechen. Es roch angenehm. Mit der linken Hand strich er mir eine Strähne aus meinem Gesicht und ich bemerkte dabei, wie zart seine Hände waren.

„Gute Nacht, Martin, schlaf gut!“

„Gute Nacht, meine Prinzessin, du auch!“

Ich zuckte leicht zusammen warum nannte er mich Prinzessin? Ein komisches Gefühl machte sich in mir breit.

Ich ging in mein Büro. Martin half mir noch schnell, die Couch zum Bett umzufunktionieren. Meine erste Nacht zuhause. Ich schlief sehr unruhig, ich sah immer wieder in einen grellen Tunnel und hörte Stimmen, die ich nicht zuordnen konnte.

An meinem ersten Morgen zuhause klopfte Martin an meine Tür und rief: „Frühstück ist fertig."

„Ich komme gleich", erwiderte ich, ging ins Bad um zu duschen und streichelte meinen kleinen Bauch, mein Busen war auch größer geworden, das hatte ich schon im Krankenhaus festgestellt. Danach suchte ich mir eine weiße Jeans aus meinem Schrank und ein rotes T-Shirt, welches über meinem Bauch ein wenig spannte. In Windeseile trug ich ein leichtes Tages–Make-up auf. Das Ergebnis konnte sich sehen lassen. Danach ging ich in die Küche, wo Martin schon alles hergerichtet hatte, wie ich fand, ein perfektes Frühstück.

„Gut siehst du heute aus und nicht mehr so blass", stellte auch Martin fest.

„Hast du gut geschlafen, Svenja?"

„Nein nicht so toll. Ich habe immer wieder irgendetwas ohne Sinn geträumt, von einem Fest, aber es verschwimmt immer wieder."

„Vielleicht hast du von unserer Hochzeit geträumt, es beschäftigt dich sicher mehr, als du wahrhaben willst.“

„Sag mal, Martin, hatte ich noch einen anderen Terminkalender außer dem von meinem Laptop?“

„Nein, Svenja, du warst immer sehr akribisch im führen deiner Termine. Du hast immer alle Termine mit deinem Handy synchronisiert. Warum fragst du?“

„Ich habe in den nächsten zwei Wochen keinen Termin im Kalender stehen?“

„Naja, du wolltest alles für unsere Hochzeit vorbereiten und danach waren ein paar Tage Paris geplant. Das ist wohl der Grund.“

„Ja, aber ich habe auch keine persönlichen Termine darin stehen, so etwas wie Karten schreiben, Blumen bestellen oder Vorsorge Baby!“

„Ich habe mich auch gewundert warum du mir nicht erzählt hast, dass du schwanger bist. Vielleicht wolltest du mir aber auch am Unfalltag von der Schwangerschaft erzählen?“

„Martin, was weißt du noch über meinen geplanten Tagesverlauf am Unfalltag? Bitte erzähle mir von dem Tag, was du weißt. Bitte.“ ´

„Du hast mir nur erzählt das du morgens einen Termin hast und dich danach mit Hiltrud triffst, um dir dein Brautkleid zu kaufen. Nachmittags hast du mich angerufen und mich gebeten, dich mit dem Auto mit nach Hause zu nehmen. Ich wartete am Anzeiger Hochhaus auf dich und sah das Auto kommen, als du die Straße überqueren wolltest. Ich schrie noch pass auf, aber es war zu spät. Wäre dieser fremde Mann nicht gewesen, der dich sofort reanimiert hat, während ich den Krankenwagen rief, wer weiß, wie das ausgegangen wäre. Ich mag nicht daran denken."

„Hast du die Adresse von meinem Lebensretter, damit ich mich bei ihm bedanken kann? Vielleicht weiß er ja sogar, wo mein Brautkleid geblieben ist?"

„Nein, oder doch, warte mal, er hat mir doch eine Visitenkarte gegeben, wo habe ich die denn bloß, jetzt fällt es mir wieder ein, ich habe sie in meine Jackentasche gesteckt."

Martin stand auf, ging ins Schlafzimmer und gab mir die Visitenkarte. Darauf stand Erik Schaper, Agentur für Make-up-Artists – Styling. Ich las die Karte und musste immer wieder auf den Namen schauen. Erik? Erik? Hatte er mir die E-Mails geschrieben? Während ich noch stumm die Visitenkarte betrachtete, fragte Martin mich, ob ich diesen Erik kannte, weil er doch eine Agentur hatte.

Ich antwortete ehrlich: „Nein, Martin, ich kann mich nicht erinnern. Aber ich werde irgendwann mal Kontakt aufnehmen. Was hast du heute vor, Martin?"

„Ich werde unsere Hochzeitsgäste und die Location absagen, Blumen abbestellen, was halt noch alles zu machen ist. Warum fragst du?“

„Hättest du vielleicht Zeit, mich in die Stadt zu fahren? Ich brauche ein paar Umstandssachen, die Hose kneift ganz schön.“

„Oh, Svenja ich komme gerne mit, du musst nicht alleine in der Stadt umherlaufen. Vielleicht erinnerst du dich nicht und verläufst dich?“

„Nein, Martin, ich möchte alleine einkaufen gehen. Ich nehme mein Handy mit und wenn etwas sein sollte, rufe ich dich an. Okay?“

„Ganz wie du meinst“, antwortete Martin etwas enttäuscht, nahm aber seinen Autoschlüssel von der Wand und fuhr mich in die Innenstadt. Ich versuchte wie schon beim letzten Mal mich zu erinnern, welche Straße das war oder ob mir etwas bekannt vorkam. Martin ließ mich direkt am Anzeiger Hochhaus aus dem Auto aussteigen. Er wünschte mir einen schönen Einkauf und versprach, mich hier wieder abzuholen. Ich weiß, er hätte mich am liebsten über die Straße begleitet, aber ich wollte alleine die Unfallstraße überqueren. Als ich auf der anderen Seite angekommen war, drehte ich mich zu Martin um und winkte ihm zu. Es passierte gar nichts in mir, einfach nichts. Ich ging die Straße einfach weiter, bis ich zu einem Geschäft mit Umstandsmoden kam. Dort kaufte ich mir drei Hosen, eine blaue, eine weiße und eine rote Hose, drei farblich passende Oberteile und ein schönes blau-weiß geblümtes Kleid. Auf die Anprobe verzichtete ich, nach dem Motto, wird schon passen. Die Verkäuferin wollte mich die ganze Zeit in ein Gespräch über die heutige schöne Umstandsmode verwickeln, mir war einfach nicht nach plaudern. Ich bedankte mich höflich und verließ das Geschäft. Vor der Tür schaute ich nochmal nach beiden Seiten und entschied mich dann spontan, nach links zu gehen. Nach wenigen Metern sah ich eine Boutique namens „La-Belle". Beim Betreten des Geschäftes erklang ein schöner Glockenton. Auf mich kam eine ältere Frau mit blonden langen Haaren und einem gut sitzenden roten Hosenanzug zu, ihrem Lächeln nach zu urteilen kannte sie mich.

„Ach Frau Albrecht, na, möchten Sie letzte Einkäufe für Ihre Hochzeitsreise tätigen? Die muss ja nun auch bald sein, oder?"

„Nein, ich wollte fragen, ob ich bei meinem letzten Einkauf bei Ihnen eine große Tasche vergessen habe."

„Nein, Frau Albrecht dann hätte ich doch Sie oder Ihren Mann schon längst angerufen."

„Ja, Sie haben Recht. Ich wünsche Ihnen noch einen schönen Tag."

Ich verließ die Boutique. Immerhin wusste ich nun, wo anscheinend meine Lieblingsboutique ist.

Mit einem leichten Lächeln auf den Lippen ging ich weiter.

6
Erik

„Svenja, hallo, Svenja!“, rief jemand laut.

Ich drehte mich nach links und rechts und sah einen gut aussehenden, schlanken Mann auf mich zukommen.

„Mein Gott warum hast du dich denn nicht gemeldet? Wo hast du die ganze Zeit gesteckt?“ Während er sprach zog der Mann mich mit seinem Arm an die Seite und hauchte mir einen Kuss auf die Wange. Es ging alles so schnell, ich wusste nicht, was ich sagen sollte. „Svenja bist du taub?“

„Entschuldigung ich kann mich nicht erinnern, wer Sie sind?“

„Was soll denn diese Masche nun? Svenja, was soll das heißen, du erinnerst dich nicht, wer ich bin? Ich bin es, Erik! Na, dämmert es jetzt?“

„Erik? Du hast mir die Mails alle geschrieben und gefragt, warum ich nicht geantwortet habe?“

„Na, siehste, geht doch.“

„Nein, ich habe meine Mails erst gelesen, nachdem ich gestern aus dem Krankenhaus entlassen wurde.“

„Du hast bis gestern im Krankenhaus gelegen? Ich wusste nicht, dass es so schlimm um dich stand, dann hätte ich dich auch auf die Gefahr hin, Martin zu begegnen, besucht. Auch wenn er mich dann vermutlich wiedererkannt hätte. Svenja, hast du Zeit? Komm, lass uns etwas essen gehen!“

Ich war zu verwirrt, um auch nur irgendetwas zu fragen oder zu sagen. Ich ging stumm mit. Beim Italiener angekommen ging Erik mit mir durch das Lokal, an einen Platz, ganz am Ende des Restaurants. Der Kellner kam schon, bevor wir richtig Platz nehmen konnten. Erik bestellte zwei Cappuccini und bat um die Speisekarte. „Svenja, du erinnerst dich wirklich nicht an mich?“

„Nein ich hatte einen schweren Autounfall, ich habe eine retrograde Amnesie.“

„Svenja an deinem Tag, wo du den Unfall hattest, hast du mich um ein Treffen gebeten. Ich sagte dir, ich wüsste nicht genau, wann mein Auftrag beendet sei und dass ich mich bei dir melden werde. Ich rief dich zurück. Du bist nicht an dein Handy gegangen. Dann bin ich rein zufällig am Anzeiger Hochhaus gewesen und habe gesehen, dass dich ein Auto angefahren hat. Ich habe dich reanimiert. Ich konnte mich nicht bei dir melden, sonst wäre alles aufgeflogen. Ich hätte alles zerstört. Also habe ich jeden Tag darauf gewartet, dass du mich anrufst. Nun bist du da und alles ist gut.“ Erik nahm meine Hand und küsste meine Finger.

Gerade, als ich Erik etwas fragen wollte, kam der Kellner, um die Bestellung aufzunehmen. Erik bestellte zweimal die Pasta aller Casa.

„Erik, ich wollte Martin heiraten? Hatten wir etwas miteinander?“

Erik schaute mir in die Augen. „Wir wollten ein neues Leben anfangen. Wir bekommen ein Kind.“

„Mir wird schlecht, ich glaube ich muss mich übergeben.“ Ich stand auf und folgte dem Hinweisschild WC. Dort angekommen konnte ich gerade noch den Toilettendeckel öffnen und erbrach sofort mein Frühstück. Danach spülte ich im Waschbecken meinen Mund aus und sah in den Spiegel. Laut sprach ich zu mir selbst: „Svenja Albrecht, wer bist du? Lügst, betrügst und vergisst dann alles? Ich weiß nicht, ob ich wirklich alles über dich erfahren möchte.“

Langsam ging ich zum Tisch zurück. Als Erik mich sah, steckte er sofort sein Handy in die Hosentasche. „Oh Gott, Prinzessin, du bist ja ganz blass. Wollen wir zu mir fahren und dort weiterreden?“

„Nein, Erik, ich verstehe das alles nicht, ich habe an dem Tag, als ich verunglückte, mein Brautkleid gekauft! Ich wollte Martin heiraten! Nun sagst du, wir hatten ein Verhältnis und ich bin von dir schwanger.“

„Svenja, es stimmt, was ich sage. Ich habe sogar dein Brautkleid Marke Prinzessin, das war immer mein Kosewort für dich. Meine Prinzessin. Ich hatte es, nachdem ich dich reanimiert hatte, einfach mitgenommen. Aus Sentimentalität. Ich hatte Angst, ich sehe dich nie wieder. Von deinem Gesundheitszustand hatte ich doch keine Ahnung. Ich rief einmal im Krankenhaus an, um mich über deinen Zustand zu erkundigen, erhielt aber natürlich keine Auskunft. Nicht verwandt, nicht verschwägert. Keine Chance. Was sollte ich tun? Deine Freunde kenne ich nicht. Martin fragen, wie es meiner zukünftigen Frau geht? Ich schrieb dir am Unfallmorgen schon eine Mail, in der Hoffnung, du kommst zu mir. Du wusstest ja, wo du mich findest. Dass wir uns heute wieder begegneten, ist purer Zufall oder Schicksal, nenn es, wie du willst. Svenja, hörst du mir überhaupt zu?"

„Ja, Erik, ich höre dir zu. In meinem Kopf sind so viele Fragen?"

„Prinzessin, wenn wir gegessen haben, fahren wir zu mir und ich wette, die Erinnerungen kommen wieder."

„Nein, das geht nicht, Martin holt mich ab."

„Svenja wir wollten heiraten. Mit Martin hattest du schon längst abgeschlossen. Hast du ihm vor deinem Unfall von unserem Kind erzählt?"

„Nein das habe ich nicht, er hat es von meinem behandelnden Arzt erfahren. Martin hat mich gefragt, warum ich ihm nichts von der Schwangerschaft erzählt habe."

„Na bitte, das sagt doch alles."

„Ok, ich bin einverstanden, dass du jetzt nicht mitkommst, aber bitte komm heute Abend zu mir. Wir müssen reden, wie es weitergehen soll."

„Ich weiß deine Adresse nicht."

„An der Engesode 18."

„Erik, dein Nachname?"

„Schaper?", sagte Erik mit fragendem Unterton. „Svenja? Du spielst jetzt aber kein Spiel mit mir, oder?"

„Nein, ich bin um 19 Uhr bei dir."

In diesem Moment kam der Kellner und brachte die Pasta. Erik und ich stocherten mehr im Essen herum, als davon zu essen. Nach etwa fünfzehn Minuten bat Erik den Kellner um die Rechnung. Wir standen auf und gingen. Vor der Tür zog Erik mich wie selbstverständlich an sich und flüsterte mir in mein Ohr: „Prinzessin, deine neue Frisur steht dir ausgezeichnet. Es freut mich, dass du auf meinen Rat gehört und dir einen Pony zugelegt hast. Bis heute Abend!"

Was war das gerade hier? Mir liefen die Tränen an meiner Wange herunter.

„Junge Frau, ist Ihnen nicht gut?", fragte mich ein älterer Herr, der gerade an mir vorbeiging.

„Doch, alles gut. Sagen Sie, kennen Sie mich?"

Der Mann lachte und sagte: „Junge Frau, wenn ich dreißig Jahre jünger wäre, bestimmt", und ging einfach weiter.“

Mir war nicht nach lachen zumute.

7
Wer bin ich bloß?

Ich rief Martin an und fragte, ob er mich abholen könne, ich nannte ihm die Adresse vom Italiener. Ich hatte den Eindruck Martin freute sich über den Anruf. „Entschuldige, Svenja, dass es so lange gedauert hat.“

„Kein Problem, Martin, danke fürs Abholen.“

„Warte, ich helfe dir mit deinen Tüten. Du siehst blass aus, das Beste wird sein, wenn du dich zuhause gleich hinlegst, okay?“

„Das mache ich“, antwortete ich.

So fuhren wir schweigend in Martins Wohnung. Ich stellte die Tüten ins Schlafzimmer und ging rüber in mein Büro, um mich hinzulegen. Ich hatte leichte Kopfschmerzen und spürte eine innerliche Unruhe. So, als würde ich ahnen, dass etwas Schlimmes passieren wird. Ich hatte mir vorsichtshalber einen Wecker gestellt, damit ich nicht zu lange schlafe. So stand ich um 16 Uhr auf und ging in die Küche, wo Martin am Esstisch saß und einen duftenden Kaffee trank.

„Bekomme ich auch einen Kaffee?“

„Aber natürlich. Fühlst du dich besser?“

„Ja, es geht so.“

„Magst du mir deine Einkäufe zeigen?“

„Nein, morgen bitte. Martin, waren wir immer

glücklich?“

Er sah mich erstaunt an. „Also, natürlich gab es schwierige Zeiten, aber wir haben uns immer geliebt. Die Hochzeit sollte die Krönung für uns sein. Wir hatten alles so schön geplant, auch unsere Reise nach Paris. Aber das geht jetzt nicht wegen des Babys. Ich habe mir überlegt, Svenja, können wir nicht Paul und Hiltrud mit in die Pflege von unserem Kind einbeziehen? Dann schaffen wir das bestimmt. Ich bin immer für dich da.“

„Martin ich kann nicht. Ich habe keinen Bezug zu dem Baby. Deshalb bewegt es sich auch wahrscheinlich so wenig. Es spürt meine Ablehnung.“

„Svenja bitte keine Pflegschaft! Versprich mir das! Das überlebe ich nicht, wenn du unser kleines Mädchen weggibst.“

„Es wird ein Mädchen? Warum sagst du mir das?“

„Weil wir uns einen Namen überlegen müssen und weil ich möchte, dass du darüber noch einmal nachdenkst. Svenja, ich bedränge dich nicht. Ich gebe dir alle Zeit, die du brauchst, aber bitte versetz dich auch mal in meine Lage, wie mir zumute ist.“

Ich trank den Kaffee ohne Milch und Zucker. An dem Blick, den Martin mir zuwarf, konnte ich sehen, dass ich meinen Kaffee früher anders getrunken hatte. „Martin, ich möchte mich heute

Abend mit Julia treffen. Alleine! Ist das ok für dich?"

„Ja, obwohl ... ich könnte dich hinfahren und abholen."

„Lieb von dir, aber ich fahre selbst. Das Auto kann ich doch nehmen oder?"

„Ja, natürlich, ich bleibe heute zuhause."

„Bevor ich fahre, rufe ich noch Hiltrud und Paul an."

„Liebe Grüße von mir", rief mir Martin hinterher, denn ich war schon auf dem Weg in mein Büro.

„Hallo Hiltrud, ich wollte mich mal bei euch melden."

„Ach, Kind, sag doch Mama, das hört sich furchtbar an, wenn du zu mir, zu deiner eigenen Mutter, Hiltrud sagst."

„Ja, Hiltrud, äh Mama, ich werde es versuchen. Mama, sag mal, war ich mit Martin glücklich?"

„Svenja, Kind, ihr wolltet heiraten! Wir haben doch zusammen dein Brautkleid gekauft. Aber wenn du schon so fragst, warum hast du Martin und uns als zukünftigen Großeltern nichts von deiner Schwangerschaft erzählt? Seit wann wusstest du denn von deiner Schwangerschaft?"

„Ich habe laut Mutterpass von meiner Gynäkologin drei Wochen vor meinem Unfall von meiner Schwangerschaft erfahren. Weißt du, darüber denke ich ja auch nach, warum erinnere ich mich nicht? Warum habe ich dir nicht erzählt, dass ich ein Baby bekomme? Kannst du dir vorstellen, dass ich das Baby nicht wollte? Wollte ich mein Baby abtreiben?"

„Oh, Svenja, nein, bestimmt nicht, du wolltest immer Kinder haben."

„Mama ich melde mich die Tage wieder bei dir. Versprochen. Grüß Paul, äh, Papa, von mir."

Ich legte auf und ging zurück in die Küche, wo Martin immer noch am Tisch saß.

„Martin ich ziehe mich noch um und dann fahre ich. Ich habe den Autoschlüssel in meiner Handtasche gefunden. Kannst du mir sagen, wozu die anderen Schlüssel gehören?"

„Zeig mal. Das ist der Briefkastenschlüssel, das der Haustürschlüssel, Wohnungsschlüssel, dein Agenturschlüssel. Den mit dem roten Ring kenne ich nicht, er sieht aber auch aus wie ein Wohnungsschlüssel. Vielleicht von Julia, wenn sie mal nicht da ist und du nach dem Rechten schauen sollst."

„Danke, ich frage Julia."

„Svenja, ich bleibe so lange auf, bis du wieder zurück bist."

Ich zuckte mit den Schultern und ging. Da ich nicht wusste, wo die Straße war, wo Erik wohnte, gab ich die Route bei Google Maps ein. Erik

Schaper stand auf dem Klingelschild. Bevor ich klingelte, schaute ich mich in der Straße um, ob mir irgendwas bekannt vorkam. Nein, ich kann mich einfach nicht erinnern, also klingelte ich. Die Tür öffnete sich automatisch. Im Treppenhaus roch es nach Linseneintopf. Ich musste selbst schmunzeln. Warum klappt das mit dem Geruchssinn so gut? Erik hatte die Tür schon geöffnet und rief: „Zweiter Stock, rechts, falls du das vergessen hast."

Ich war ganz schön aus der Puste und musste erst einmal am Treppenabsatz im ersten Stock stehen bleiben. Erik kam mir entgegen und ehe ich mich versah, hatte er mich auf den Arm genommen und in seine Wohnung getragen.

„Das wollte ich eigentlich an unserem Hochzeitstag machen", lachte Erik.

Ich sah seine strahlenden Zähne, roch das Aftershave von Azzaro, „Wanted". Ich erinnerte mich an den Geruch. Wieder ein Puzzleteil in meinem Leben.

Erik ließ mich auf dem Sofa im Wohnzimmer hinunter. „Na, Prinzessin wenigstens hast du ein wenig mehr Farbe als heute Mittag im Gesicht. Wie geht es dir?"

„Ich weiß es nicht, ich weiß aber, dass dein Aftershave von Azzaro ist."

„Du hast es mir zum Geburtstag geschenkt, mit

den Worten: Ich habe dich gesucht und gefunden, erinnerst du dich?“

„Nein, leider nicht, wann hattest du Geburtstag?“

„Am 06. Juni. Ach Prinzessin, ich bin so froh, dass du bei mir bist. Was möchtest du trinken? Kaffee, Wasser oder lieber einen Saft? Alkohol ist wegen unserem Baby tabu.“

„Ein Glas Wasser ist perfekt.“

Während Erik sich ein Glas Rosé-Wein von Bree einschenkte, beobachtete ich ihn. Er sah sehr gut aus, hatte ein liebes Lachen, weiße Zähne, eine kleine Lachfalte am linken Mundwinkel und schöne blaue Augen. Er war 1,86 m groß und sehr schlank und hatte einen kleinen knackigen Po, der durch die enge graue Jeans noch betont wurde. Dazu trug er ein rotes Hemd, welches er nicht in die Hose gesteckt hatte. Was mir auffiel, war, dass Erik viel modischer gekleidet war als Martin. Martins Modestil war eher langweilig.

„Bitte, Prinzessin, dein Wasser, wie immer ohne Kohlensäure.“

Erik setzte sich dicht neben mir auf das Sofa, seine Oberschenkel berührten ganz leicht meine Oberschenkel, seine Hand legte er in meinen Nacken. Ganz langsam und sanft begann er diesen zu massieren. Ich konnte sein Aftershave wieder riechen und ich muss sagen, ich fühlte mich an seiner Seite sehr, sehr wohl. Das lag aber auch bestimmt daran, dass ich bei Erik nicht diese Erwartungshaltung wie bei Martin spürte. Dort hatte ich immer das Gefühl, er erwartet bei jedem Satz, dass meine Erinnerung wiederkommt.

„Svenja, du musst mit Martin über uns reden. Es ist nicht fair. Ich weiß, wäre der Unfall nicht gewesen, hättest du schon längst mit ihm alles geklärt. Das soll auch kein Vorwurf sein, aber es wird Zeit, ich möchte unbedingt, dass wir verheiratet sind, wenn unser Baby auf die Welt kommt, und sei es erstmal nur standesamtlich."

„Das kann ich nicht, es sind zu viele Fragen in meinem Kopf offen. Wo wollten wir denn wohnen?"

Erik lachte und zog mich sanft vom Sofa hoch. „Komm." Er ging weiter und öffnete die Schlafzimmertür. Mir lief es eiskalt den Rücken herunter, an der Wand wo Eriks Bett stand, befand sich die gleiche Tapete von Harald Glööckler, schwarz/silber, wie in Martins Schlafzimmer. Ich sagte kein Wort. Erik stellte sich vor den Kleiderschrank und öffnete ihn.

„Schau, Svenja, ein Teil deiner Kleidung ist schon seit Monaten bei mir."

Ich schob langsam ein Kleidungsstück nach dem anderen zur Seite und sah mir die Garderobe an. Nichts erkannte ich wieder, nichts. Wie zum Teufel kann das sein?, fragte ich mich selbst.

„Wir werden hier zusammen mit unserem Kind leben."

„Da hängt ja mein Brautkleid", rief ich fast ein wenig schrill. Ich fuhr mit der Hand langsam über den Stoff. Er fühlte sich leicht und angenehm an.

„Magst du es anziehen, Svenja? Vielleicht kommt ein Gefühl oder eine Erinnerung bei dem Anblick wieder?"

„Nein das brauche ich nicht."

Schon wieder fing ich an zu weinen. Erik nahm mich in den Arm und streichelte meinen Rücken, küsste dabei immer wieder meinen Nacken. Es war mir nicht unangenehm, aber ich kam mir wie eine Verräterin vor und wusste nicht, warum. Schweigend gingen wir ins Wohnzimmer zurück. Erik setzte sich ein wenig schräg zu mir, nahm meine Hände und fragte mich: „Svenja meinst du, deine Liebe zu mir kommt wieder?"

„Erik, ich will ganz ehrlich sein, du bist mir sympathisch, ich kann dich gut riechen, aber es reicht nicht für eine Ehe."

„Liebst du Martin?"

„Nein, Martin ist mir genauso fremd. Warum habe ich an dem Tag das Brautkleid gekauft mit meiner Mutter, wenn ich dich heiraten wollte und ich Martin nichts von dir erzählt habe?"

„Was soll ich tun, damit du mir glaubst? Da fällt mir ein, du hast von meiner Wohnung einen

Schlüssel mit einem roten Ring. Den habe ich dir an deinen Schlüsselbund angebracht, weil rot für die Liebe steht."

„Diesen Schlüssel habe ich heute gefunden, wusste aber natürlich nicht, zu wem er gehört."

„Svenja, daran siehst du doch, dass ich dich nicht anlüge. Du kannst den Schlüssel gleich ausprobieren."

„Ich glaube dir."

Erik rutschte an mich ran, ich spürte seinen Atem, ganz langsam wie in Zeitlupe küsste er mich, ganz sanft und zart. Ich fing an, den Kuss zu erwidern. Eriks Zunge wurde etwas fordernder aber immer noch sehr, sehr zärtlich.

„Ich küsse gerade immer noch die alte Svenja, für mich hat sich nichts verändert."

Ich spürte eine Erregung in mir. Erik spürte das wohl auch. Er zog mir mein T-Shirt aus und öffnete in Zeitlupentempo meinen BH. Als er meine Brustwarzen küsste, erinnerte sich mein Körper ganz genau. Ich stöhnte leicht auf. Eriks Zunge wurde schneller, sein Griff etwas härter.

„Svenja ich habe dich und deinen Körper sehr vermisst."

„Nein, bitte hör auf, es ist nicht richtig, was ich mache, bitte hör auf!", sprach ich energischer.

Erik ließ mich los. „Ist es wegen unserem Baby? Ich werde sehr vorsichtig sein, versprochen."

„Nein, Erik, ich kann nicht, mein Kopf ist nicht frei."

„Lass dich einfach fallen, du wirst sehen, auch du hast mich vermisst." Erik begann wieder an meinen Brustwarzen zu spielen. Ihm gefiel meine sichtbare Erregung. Ich schubste ihn weg. Für einen Moment sah ich etwas in seinen Augen, was mich irritierte, dieser Gesichtsausdruck.

„Svenja, es ist alles gut. Ich lasse dir Zeit."

Die schöne Stimmung war vorbei. Ich zog mich wieder an und ging zur Tür. Erik nahm mich in den Arm und gab mir einen Abschiedskuss, den ich diesmal nicht erwiderte. „Svenja, ich würde dich gerne morgen mit deinen restlichen Sachen von Martin abholen. Passt dir 15 Uhr?"

„Ich melde mich bei dir, ich muss erst ein Gespräch mit Martin führen. Ok?"

„Alles gut, Prinzessin."

Ich klingelte, Martin öffnete mir die Tür. Ich konnte den Whiskygeruch sofort riechen.

„Ah, da ist ja unsere *ich weiß nichts mehr*. Na, hattest du einen schönen Abend? Blöd nur, dass deine Freundin Julia bei uns angerufen hat und dich sprechen wollte. Ja, vielleicht hättest du sie einweihen sollen in das, was auch immer du vorhattest."

„Martin, du hast getrunken."

„Ja, stell dir vor. Ich wünschte mir, ich könnte auch einfach so alles vergessen, dass ich dich liebe, dass wir ein Kind bekommen, von dem du mir aber nichts erzählt hast, Warum nicht, Svenja? Wo warst du, Miss Vergessen?“

„In dem Zustand rede ich nicht mit dir.“

„Dann lass es. Auch gut. Gute Nacht.“

Martin torkelte ins Schlafzimmer. Ich ging ins Büro und schloss die Tür ab.

Am nächsten Morgen klopfte Martin an meine Bürotür und bat mich, zum Frühstück zu kommen. Ich zog meine neue blaue Umstandshose an und eine neue blau gemusterte Bluse. Als ich mich an den Tisch setzte, platzte es aus Martin raus. „Wo warst du gestern?“

„Bei Erik.“

„Bei welchem Erik? Ich kenne keinen Erik.“

„Er ist vermutlich der Vater des Kindes, welches ich erwarte.“

„Bist du jetzt völlig durchgeknallt?“

„Nein, ich vermute, nicht. Ich war wohl nicht immer ehrlich zu dir. Wie es aussieht, hatte ich eine Affäre und bin von Erik schwanger geworden, deshalb habe ich dir, so nehme ich es an, nichts von der Schwangerschaft erzählt. Der Schlüssel mit dem roten Ring gehört zu Eriks Wohnung. Dort befindet sich auch mein Brautkleid, welches Erik, nachdem er mich wiederbelebt hat, an sich nahm."

„Erik ist der Retter? Vom Unfalltag? Warst du mit ihm zusammen an dem Tag? Mir wird schlecht, Svenja was machst du gerade? Du zerstörst unser Leben! Glaubst du nicht, ich hätte das gemerkt, wenn du fremdgegangen wärst? Das kann nicht stimmen."

„Doch, Martin, es scheint zu stimmen und ich bin nicht stolz darauf, aber es deutet alles darauf hin, dass ich nicht die brave Svenja, bin für die du mich hältst. Warum habe ich Julia, Hiltrud, Paul und dir nicht nichts von der Schwangerschaft erzählt? Warum hängt bei Erik meine Garderobe? Warum fühle ich bei ihm etwas? Warum kommen mir seine Küsse bekannt vor?"

„Hör auf! Ich will das nicht hören. Macht es dir Spaß, mich zu quälen?"

„Nein, ich möchte nur mein altes, neues Leben."

„Dann fang doch an, mit mir zu leben. Zieh ins Schlafzimmer, lass Nähe zu. Ich wünsche mir nichts sehnlicher, als endlich die Svenja, die ich liebe, wiederzubekommen und, noch wichtiger, die, die mich liebt. "

„Du hast mir nicht zugehört. Es tut mir leid, aber ich empfinde nichts für dich."

„Aber für diesen Erik, ja? Wie geht das? Du kannst doch nicht hier ausziehen und dort einziehen?“

„Doch, Martin, das ist mein Wunsch. Ich fühle mich bei Erik wohler. Er hat nicht diese ständige Erwartungshaltung, dass ich mich doch endlich erinnern soll und alles so sein soll wie früher.“

„Svenja, ich bitte dich, gib uns doch eine Chance!“ Martin sah mich verzweifelt an. „Dann geh!“

„Ja, Erik holt mich und meine Sachen nachher ab.“

Wortlos stand Martin auf, zog seine Jacke an und war im Begriff, die Wohnung zu verlassen. „Den Wohnungsschlüssel leg bitte auf den Küchentisch.“ Er zog die Tür hinter sich zu.

8
Gehöre ich zu Erik?

Ich griff zum Handy und bat Erik, mich wie besprochen um 15 Uhr abzuholen. Ich hatte gerade aufgelegt, da rief mich meine Mutter an.

„Hallo Mama, alles ok bei dir?“

„Martin hat mich gerade angerufen, er hat völlig wirres Zeug geredet, irgendwas von er sei gar nicht der Vater von eurem Baby, du ziehst aus. Was ist denn bei euch los?“

„Mama, ja, es stimmt alles, was Martin dir erzählt hat.“ Ich informierte Hiltrud in kurzen, knappen Sätzen über den Stand der Dinge. Sie fing an zu weinen. Ich legte auf. Die restliche Zeit nutzte ich, um die wichtigsten Dinge zu packen. Am einfachsten war es, die Garderobe in den Koffer zu packen. Im Büro packte ich alle Ordner in einen großen Karton, den ich in der Abstellkammer gefunden hatte. Kontoauszüge, alles, was lose auf dem Schreibtisch lag, steckte ich in eine Aldi-Plastiktüte. Laptop, Mutterpass, Ausweis verstaute ich in meine Laptoptasche. Dann rief ich Julia an.

„Hallo Julia, ich bin es, Svenja, hast du einen Moment Zeit für mich?“

„Ja, es passt gerade. Ich nehme an, es geht um gestern Abend?“

„Ja, Julia, ich habe Martin angelogen. Ich habe

gesagt, ich treffe mich mit dir, bin aber in Eriks Wohnung gefahren, um einfach mehr über mich zu erfahren."

„Wer ist Erik?"

„Erik sagt, er sei der Vater meines Kindes. Ich wollte Martin verlassen, deshalb habe ich ihm auch nichts von der Schwangerschaft erzählt. Bei Erik kommen Gefühle in mir hoch, die bei Martin völlig weg sind. Naja, ich finde, wir passen besser zusammen. Wir haben den gleichen Beruf. Ein Teil meiner Garderobe hängt schon seit Monaten in seinem Schrank. Ich besitze seinen Wohnungsschlüssel. Julia, bist du noch dran?"

„Ja, ich bin noch dran. Svenja, wer ist dieser Erik? Wo hast du ihn kennengelernt? Wo habt ihr euch getroffen? Wo war Erik denn die ganze Zeit, als du im Krankenhaus gelegen hast? Ich bin deine beste Freundin und mir hast du nie von einem Erik erzählt. Wie lange ging denn eure Affäre?"

„Ich weiß das alles nicht. Ich kann diese Fragen nicht beantworten."

„Aber du kannst Martin verlassen, um zu einem Typen zu ziehen, von dem du nichts weißt?"

„Julia ich kann mich an Martin noch weniger erinnern."

„Svenja, bitte pass auf dich auf, sei vorsichtig. Ich muss das erst einmal verdauen, was du mir alles erzählt hast. Ich danke dir für dein Vertrauen. Wir hören voneinander, ok?"

„Danke, Julia, ich melde mich wieder. Tschüss."

Pünktlich um 15 Uhr trug Erik meinen Koffer in sein Auto, holte die Kisten und verstaute sie im Kofferraum. Ich nahm lediglich meine Laptoptasche. Martins Wohnungsschlüssel legte ich wie besprochen auf den Küchentisch.

„Willkommen zu Hause, meine Prinzessin! Davon habe ich seit Monaten geträumt. Endlich habe ich euch beide bei mir." Sanft streichelte Erik meinen Bauch. Ich ließ es zu und plötzlich rührte sich das Baby. „Hoppla kleine Lady, schlägst du Purzelbäume im Bauch deiner Mama?"

„Erik, es hat sich bewegt." Nun lege ich auch meine Hand auf meinen Bauch, um die Bewegung noch intensiver zu spüren. „Ja, sie hat halt mein Temperament", lachte Erik.

Nun wird alles gut, dachte ich.

Erik half mir beim Einräumen meiner Sachen. Das Büro teilten wir uns. Erik bestand darauf, dass unser Baby ein eigenes Zimmer bekam. Seine Wohnung war größer als Martins Wohnung und hatte zudem noch ein Zimmer mehr. Ich bat Erik, solange das Baby noch nicht auf der Welt war, dass ich das Kinderzimmer für mich einrichte.

„Nein, auf keinen Fall. Wir sind nun eine Familie, du schläfst bei mir. Zwinkernd fügte er hinzu, auch wenn du vergessen hast wie sich das anfühlt, in meinen Armen einzuschlafen, weiß ich, du wirst spüren, dass es sich gut und richtig anfühlt.“

Erik nahm mich in den Arm und hielt mich nur fest. Ich fing an zu weinen und wusste wieder einmal nicht, warum.

Martin kam erst gegen 19 Uhr wieder nach Hause. Er wollte ganz sicher sein, dass Svenja nicht mehr in der Wohnung war. Er ging durch die Zimmer und schaute in den Schlafzimmerschrank. Svenja hatte nicht alles an Garderobe mitgenommen, ja, wozu auch, die wenigsten Sachen passten ihr während der Schwangerschaft. Im Büro fehlten jede Menge Ordner, der Schreibtisch war leer gefegt. Martin ging ins Wohnzimmer, goss sich einen Whisky ein und bemitleidete sich selbst. Wieso tauchte dieser Erik auf? Warum habe ich nichts bemerkt? Was ist das für ein Typ? Ich werde es schon herausfinden. Mit diesen Gedanken schlief er auf dem Sofa ein.

Ich wachte von Vogelgezwitscher auf. Ich blieb liegen und hörte dem Gesang der Vögel noch ein wenig zu. Erik lag neben mir. Er atmete sehr leise und gleichmäßig. Welche ebenmäßigen Gesichtszüge er doch hatte. Erik war gestern Nacht sehr rücksichtsvoll gewesen, er hielt mich lange im Arm, dabei streichelte er mich sanft in den Schlaf. Zwischendurch küsste er mich immer wieder auf die Stirn. Mir fiel ein, dass ich mal in irgendeiner Frauenzeitung gelesen hatte, Männer, die ihre Frauen auf die Stirn küssen, zeigen damit ihren Beschützerinstinkt. Naja, war egal, es fühlte sich nur sehr schön und richtig an.

„Guten Morgen, ihr beiden, habt ihr gut geschlafen?"

„Ja, Erik, wir haben gut geschlafen", antwortete ich mit einem Lachen.

„Na, dann werde ich mal Frühstück machen", sprach Erik und war auch schon aus dem Bett. Bei mir ging das nicht mehr ganz so schnell. Mein Babybauch war ganz schön gewachsen. Ich saß kurze Zeit später geduscht und angezogen am Frühstückstisch.

„Wie sieht dein Tagesablauf heute aus?", fragte ich Erik."

„Ich habe heute einen Auftrag für eine Kaufhauskette, es wird sicher spät werden. Den Auftrag kann ich leider auch nicht stornieren. Wenn du magst, kannst du aber gerne mitkommen. Du brauchst ja nicht den ganzen Tag zu bleiben."

„Das ist eine tolle Idee, ich komme gerne mit."

Erik packte seine Utensilien in den Kofferraum

und wir fuhren in die Innenstadt. Dort angekommen ging Erik mit mir, nachdem er sich beim Pförtner ausgewiesen hatte, durch den Personaleingang in die dritte Etage, dort sollte heute die neue Herbst-Winter-Kollektion vorgeführt werden. Erik hatte den Auftrag bekommen, alle Models zu schminken und sich um das Haarstyling zu kümmern. Das Make-up musste natürlich zu den Trendfarben Rot, Braun, Grün passen. Als Erik den Raum betrat, wo die Models warteten, wurde er mit großem „Hallo“ und Geklatsche begrüßt. Ein Model sprang auf und begrüßte ihn mit einem stürmischen Kuss auf den Mund. Erik schien das unangenehm zu sein, denn er sagte laut: „Ich habe heute meine zukünftige Frau mitgebracht, viele werden Svenja von vorherigen Aufträgen kennen wir haben ja schon zusammengearbeitet. Svenja hatte einen schweren Autounfall und ich bitte euch, seid besonders lieb und nett zu ihr. Svenja kann sich eventuell an euch nicht erinnern, also helft ihr, natürlich nur wenn Zeit dafür ist, auf die Sprünge, denn unser Auftrag, die neue Mode zu präsentieren, steht im Fokus und erfordert von euch eure ganze Konzentration. So, meine Ladys, das war’s. The Show must go on!“

Das Model, welches Erik so stürmisch begrüßt hatte, kam direkt auf mich zu und stellte sich als Miri vor. Sie taxierte mich von oben nach unten und von unten nach oben. Ich beschloss, sie nicht zu mögen.

„Hey, Svenja schön, dich zu sehen. Falls du dich nicht erinnern kannst, ich bin Anna, wir kennen uns. Mein Gesicht wurde von dir schon hundertmal geschminkt und dir habe ich die beste sedcard zu verdanken, die ich je hatte."

„Hallo Anna, komisch, aber irgendwie kommst du mir bekannt vor. Erik, wenn du nichts dagegen hast, darf ich Anna schminken? Ich hätte total Lust. Bitte, es würde mir echt Spaß machen."

„Aber mehr als ein kleines Trinkgeld kann ich dir von meiner Gage nicht abgeben", sagte Erik lachend.

„Alles gut, ich arbeite umsonst."

Ich ging mit Anna zum Schminkplatz, genau neben Erik und Miri, weil ich meine eigenen Produkte ja nicht mitgenommen hatte. So musste ich mir die Schminkutensilien von Erik leihen. Anna zeigte mir den Hosenanzug den sie vorführen sollte er war in einen wunderschönen Beerenton gehalten. Ich entschied mich für ein leichtes Makeup, aber ausdrucksstarke Farben für die Augen in rot-gold mit smokey eyes. Es war unglaublich, aber mir ging das so schnell von der Hand, als hätte es die lange Zwangspause nicht gegeben.

Anna sprach kein Wort. Miri dagegen sprach unentwegt mit Erik. Ich konnte leider nur Wortfetzen mitbekommen, weil ich mich konzentrieren musste. Ich hörte solche Sätze wie „seit wann weißt du, dass du die heiraten willst, von wem ist die schwanger?“ usw. Erik fuhr Miri einmal barsch an mit den Worten, „bitte sei still und beweg dich nicht, sonst kann ich nicht arbeiten“.

Anna sah mich durch den Spiegel an und sagte: „Typisch, unsere Drama Queen. Kannst du dich wirklich an nichts mehr erinnern, Svenja?“

„Manche Dinge fallen mir schon ein, aber die größten Lücken habe ich wirklich darin, Personen zu erkennen. Warum fragst du, Anna?“

„Ist es möglich, dass du ganz schlimme Dinge, die dir widerfahren sind, vergessen hast?“

„Ja, ich fürchte, ja. Meinst du etwas Spezielles?“

„Schon gut, nee, nur so.“ Anna schwieg ab da.

Ich hätte mich gerne mit ihr noch unterhalten, aber die ersten Models mussten auf den Laufsteg. Miri war schon vor Anna fertig. Erik schielte einmal kurz zu uns herüber und lobte mein Augen-Make-up.

Ich hielt mich an unsere Abmachung und fuhr nach Annas Auftritt mit einem Taxi in Eriks Wohnung. Dort angekommen legte ich mich aufs Sofa und versuchte zu entspannen. Was hatte Anna damit gemeint, ob ich auch schlimme Dinge in meinem Leben vergessen habe? Ich stand nach kurzer Zeit vom Sofa wieder auf, ging in mein

Büro und durchsuchte meine Kontoauszüge nach Geldeingängen. Ich schrieb mir die Auftraggeber auf mit Datum, wann ich für die gearbeitet hatte. Bis vier Monate vor meinem Unfall. Im Februar/März hatte ich viele Aufträge. Ich suchte mir die entsprechenden Webseiten heraus. Eine Agentur befand sich auf Mallorca. Dort war ich laut Verwendungszweck auf dem Kontoauszug eine Woche. Ich blätterte nochmal meine Kontoauszüge durch, ob ich eine Abbuchung über einen Flug oder Hotelaufenthalt fand. Da war keine Abbuchung vom Flug oder eine Hotelbuchung zu sehen. Komisch, oder hatte die Agentur das alles im Vorfeld schon erledigt? Ich beschloss die Agentur anzurufen. Ich nahm mein Handy und wählte die auf der Webseite angegebene Telefonnummer.

„Hola, hablan con carmen ¿qué puedo hacer por ellos?"

„Guten Tag; hier spricht Svenja Albrecht, können wir auf Deutsch weitersprechen?"

„Hola Svenja, wie geht es dir? Ich habe schon von Erik von deinem schlimmen Unfall gehört. Ich hoffe, dir geht es wieder besser?"

„Ja, eigentlich schon, aber ich habe mein Gedächtnis verloren und ziemlich alles vergessen. Carmen, sag mal, warum war ich bei euch im Frühjahr?"

„Wir hatten dich und Erik zusammen gebucht,

denn ihr habt euch gut ergänzt und habt bis dahin immer gut zusammengearbeitet."

„Was meinst du bis dahin?"

„Mi querida svenja, wir hatten eine tolle Abschlussparty, die Mädchen waren happy, die Sonne schien, es floss Champagner, auch härtere Getränke, es wurde geraucht, wenn du weißt, was ich meine. Die Stimmung war ausgelassen, wir haben uns gefreut, dass wir nur eine knappe Woche für das Modemagazin gebraucht haben. Cómo puedo decírtelo? … wie soll ich es dir sagen? Am nächsten Morgen hast du behauptet man hätte dir Drogen in den Aperol geschüttet und jemand hätte dich zum Sex gezwungen. Du konntest dich aber nur an Bruchstücke erinnern. Du wusstest auch nicht mehr, wer dir so etwas Schlimmes angetan haben soll. Du wolltest unbedingt zur Polizei. Was sollte das bringen? Niemand hat etwas bemerkt oder gesehen. Wir hatten dich gebeten, keine Anzeige gegen Unbekannt zu erstatten. Unser Ruf wäre mit so einer negativen Schlagzeile in den Medien ruiniert gewesen. Vielleicht bist du mit jemanden auf dein Zimmer gegangen. Es hat aber keiner gesehen. La policía es pañola dios mío, die hätte dir auch nicht helfen können. Du hast alle Models selbst befragt, keiner hat etwas gesehen! Am nächsten Morgen bist du mit Erik abgereist."

„Carmen, kannst du mir bitte eine Liste der Models schicken, die wir geschminkt haben?“

„Es waren die gleichen Mädels wie in dem Jahr davor. Hast du was zu schreiben zur Hand, ich sage dir die Namen schnell an. Also, da waren Britta, Edda, Caroline, Anna und Miri dabei. Habe ich eine vergessen? Nein, das waren alle. Svenja, bitte lass die alte Geschichte doch ruhen. Es ist doch nichts passiert. Du hattest keine Verletzungen, du hast das bestimmt geträumt. Vielleicht hast du ja Hasch geraucht mit jemandem und hattest Halluzinationen?“

„Ich danke dir von Herzen für die ehrliche Auskunft!“

Ich wartete keine Antwort mehr ab, so schnell beendete ich das Gespräch. Mein Gott, was fand ich denn noch alles über mich heraus? Hatte Anna mit ihrer Anspielung davon gewusst? Ich rief Julia an.

„Hallo Svenja, schön, dass du dich meldest. Wie geht es dir und dem Kind?“

„Danke Julia, ach scheiße, Mann, gar nichts geht, mein Leben ist eine einzige Katastrophe, ich kann nicht mehr.“

„Svenja, was um Himmels willen ist denn passiert?“

„Ich war im Frühjahr eine Woche beruflich auf Mallorca. Habe ich dir nach meiner Rückkehr irgendwas davon erzählt?“

„Was meinst du? Du kamst leicht gebräunt zurück und hast erzählt, dass du gut verdient hast. An mehr kann ich mich nicht erinnern."

„Julia, versprich mir, dass du mit niemandem darüber redest, was ich dir nun sage."

„Versprochen."

„Ich habe angenommen und sogar behauptet, dass ich am letzten Tag an meinem Aufenthalt auf Mallorca vermutlich vergewaltigt wurde. Weil aber niemand etwas gesehen hat und ich keine Verletzungen hatte, bin ich nicht zur Polizei gegangen. Kannst du dir das von mir vorstellen?"

„Was? Das muss ich erst einmal sacken lassen. Aber warum glaubst du denn, dass einer dir so etwas angetan hat?"

„Ich hatte wohl nächsten Tag einige Flashbacks."

„Kam in deinen Erinnerungen denn jemand darin vor?"

„Nein, das ist ja das Merkwürdige."

„Also, mir hast du davon nichts erzählt. Svenja, das passt aber zu deinem Verhalten. Warum solltest du jemanden beschuldigen, wenn du es nicht beweisen kannst? Was ich dir aber zutrauen würde, dass du auf eigene Faust ermittelst, um herauszufinden, ob dein Gefühl stimmt."

„Julia, du bist eine tolle Freundin ich danke dir für diese Offenheit."

„Wie läuft es zwischen dir und wie heißt der nochmal? Erik, oder?“

„Ja, wir verstehen uns gut. Wir haben heute das erste Mal wieder zusammengearbeitet.“

„Ich wusste nicht, dass Erik dein Arbeitskollege ist oder war? War er auch mit auf Malle? Warst du da schon mit Erik zusammen?“

„Das werde ich nachher Erik fragen.“

„Svenja, Martin leidet sehr unter eurer Trennung! Soll ich ihm einen Gruß von dir ausrichten?“

„Nein, ich melde mich wieder bei dir. Bitte zu niemandem ein Wort, versprochen?

„Ja, klar. Pass auf dich auf!“

Erik kam zwei Stunden später mit einer wunderschönen roten Rose. „Für dich, meine Prinzessin. Wie geht es dir? Ich fand dein Make-up bei Anna heute echt Klasse! Alle haben dich in den höchsten Tönen gelobt.“

„Danke, die Rose sieht aus wie gemalt. Wunderschön. Womit habe ich sie verdient?“

„Ich wollte dir ein Lächeln damit in dein wunderschönes Gesicht zaubern. Du warst heute so ernst, so kenne ich dich nicht.“ Erik nahm mich in den Arm und streichelte sanft meinen Rücken.

„Du, Erik, als wir auf Mallorca waren im Frühjahr, waren wir da schon ein Paar?“

„Wie kommst du auf Mallorca? Ist dir dazu heute etwas eingefallen?“

„Ich habe meine Kontoauszüge geprüft und dabei entdeckt, dass wir eine Woche auf Mallorca zusammengearbeitet haben. Danach habe ich Carmen angerufen und die hat mir dann von unserem letzten Abend erzählt, dass ich behauptet habe, ich wurde vergewaltigt. Weil aber niemand etwas gesehen oder gehört hat, ich keine Verletzungen vorweisen konnte, von einer Anzeige abgesehen habe. Wie konnte ich das behaupten? Wenn wir schon ein Paar waren, wo warst du denn die Nacht? Oder wo soll ich denn vergewaltigt worden sein?“

„Mach mal langsam, Svenja, wir waren ca. zwei Wochen vor unserem Aufenthalt auf Mallorca zusammen essen. Ich hatte dich eingeladen, weil wir eine tolle Modenschau bei der Brautmesse abgeliefert hatten. Anschließend sind wir noch auf einen Absacker in eine Bar gegangen, dort habe ich dich das erste Mal geküsst. Dir hat es, glaube ich, gefallen. Jedenfalls hast du den Kuss erwidert. Ich habe dich anschließend zu Martin gefahren. Beim Abschied hast du gesagt, dass es ein sehr schöner Abend war. Ein paar Tage später hast du mich hier in meiner Wohnung besucht, auf ein Glas Wein. Damals hast du mir dein Herz ausgeschüttet, dass du mit Martin nicht glücklich bist. Zugegeben ich habe die Situation vielleicht ein bisschen ausgenutzt und wir sind zusammen in mein Schlafzimmer gegangen, wir hatten den Besten Sex ever. Als wir auf Mallorca waren, da waren wir offiziell kein Paar, dein Wunsch war mir Befehl, es sollte noch keiner wissen, dass es bei und gefunkt hat. Deshalb hatten wir auf Mallorca getrennte Schlafzimmer. Nun zu deiner Frage, wo ich denn die Nacht war: Ich war in meinem Zimmer. Ich hatte zu schnell den Champagner hinuntergekippt und hatte früh einen im Tee. Als ich gegangen war, saßt du mit Miri und Anna an der Poolbar. Ich hatte keine Ahnung wann du in dein Zimmer gegangen bist. Ich weiß nur, ich habe dich am nächsten Morgen sehr vermisst und bin auf Zehenspitzen zu dir ins Zimmer und in dein Bett gehuscht. Dort lagst du allein, hattest aber furchtbare Kopfschmerzen. Also holte ich aus meinem Zimmer eine Aspirin und brachte sie dir. Du warst in der Zwischenzeit aufgestanden und hast in der Dusche wie ein Häufchen Elend gehockt und geweint. Ich stellte die Dusche ab, trocknete dich ab und dabei hast du mir erzählt, dass du glaubst, dich hätte jemand vergewaltigt."

„Erik ich fühle mich so furchtbar. Was ist, wenn das stimmt und mein Baby wurde aus einer Vergewaltigung gezeugt? Was ist, wenn das Baby gar nicht von dir ist? Ich kann seitdem keinen klaren Gedanken mehr fassen."

„Das ändert nichts für mich, Svenja, ich liebe dich. Glaub mir, ich spüre einfach, dass es unser Baby ist!“ Erik nahm mich in den Arm, schaukelte mich wie ein kleines Kind, dem Baby gefiel das auch, es bewegte sich ganz vorsichtig. Erik spürte die Bewegungen und legte seine Hand auf meinen prallen Bauch. „Kleine Prinzessin, ich bin dein Papa, ich fühle es einfach.“

Am nächsten Tag besuchte ich meine Eltern. Hiltrud drückte mich an sich. Ich ließ es geschehen. Paul scherzte über meinen dicken Bauch. „Bitte komm mit ins Wohnzimmer und setz dich“, bat er. „Wie geht es dir? Ist mit dem Baby alles ok?“

„Ja, die Kleine ist gesund.“

„Oh, es wird ein Mädchen? Ich freue mich schon auf meine kleine Enkelin. Sie wird bestimmt Pferde lieben und Limo trinken. Hast du schon einen Namen?“

„Nein, Papa. Vielleicht magst du mir ja einen Vorschlag machen?“

„Oh Svenja was hältst du von Emma? So hieß die Mutter von Hiltrud und du hast sie als Kind sehr geliebt.“

„Emma“, wiederholte ich, „Emma Albrecht oder Emma Schaper, das klingt gut, finde ich.“

Paul und Hiltrud strahlen mich an. „Willst du denn den anderen Mann heiraten?“, fragte Hiltrud?

„Irgendwann, ja, aber im Moment noch nicht. Habt ihr ein Bild von meiner Großmutter Emma?“

Hiltrud musste nicht lang suchen auf der Kommode stand ein Bild von Emma, sie war klein, zierlich mit kurzen weißen Haaren. Ich betrachtete das Bild ausgiebig. „Sie nannte mich Svenni, stimmt‘s?“

„Du erinnerst dich?“, fragte Hiltrud und fing an zu weinen.

„Bitte nicht weinen, Mama. Ja, mir ist gerade eingefallen, wie sie mit heiserer Stimme Svenni flüsterte.“

Für einen kurzen Moment hing jeder seinen Gedanken nach.

„Martin war gestern bei uns, er sah sehr schlecht aus“, erzählte Mama.

Ich erwiderte nichts. „Ich werde Martin morgen besuchen, wir haben ja noch einiges zu klären“, sagte ich, wusste aber selber nicht, was ich von ihm wollte.

Ich blieb noch eine halbe Stunde und schob dann aber einen Termin vor, um mich verabschieden zu können.

Ich fuhr nach Hause und kochte für mich und Erik eine Minestrone aus frischen Zutaten. Beim Essen erzählte ich ihm von meinem Besuch bei Paul und Hiltrud. Nebenbei fragte ich ihn, was er davon halten würde, wenn wir unsere Tochter den Namen Emma geben. Er sah mich an, lächelte und warf mir einen Luftkuss zu. Er war einverstanden.

Am nächsten Tag hatte ich einen Termin bei meiner Frauenärztin. Sie war sehr zufrieden mit uns. Unsere Kleine war gewachsen und hatte ihre Zierlichkeit aufgeholt. Auf dem Ultraschallbild konnte ich sehen, wie die Kleine ganz zufrieden an ihrem Daumen nuckelte. Ich spürte mein Baby, unsagbare Freude kam in mir hoch. An dem voraussichtlichen Geburtstermin 6. Dezember hatte sich nichts geändert. Meine Ärztin fragte mich, ob ich immer noch das Baby zur Adoption oder zu Pflegeeltern geben wollte. Ich schüttelte den Kopf und sprach mit zitternder Stimme: „Nein, ich glaube mit Hilfe meiner Eltern und meines zukünftigen Mannes kann ich es schaffen."

„Das freut mich sehr zu hören, dann grüßen Sie Herrn Schreiber bitte von mir."

Erst wollte ich ihr erklären, dass ich mich von Martin getrennt hatte, reichte ihr dann aber lediglich die Hand zum Abschied.

Anschließend fuhr ich mit Eriks Auto bei Martin vorbei. Ich hatte meinen Besuch nicht angekündigt und hoffte sogar, dass er nicht da war. Beim zweiten Mal klingeln öffnete Martin die Tür.

„Svenja, das ist ja eine Überraschung, komm

rein.“

Danke, ich war gerade in der Gegend und wollte wissen, wie es dir geht.“

„Schlecht, aber ich wette, das willst du nicht hören!“

„Martin mir tut das leid, ich weiß, dass du leidest, aber kannst du mich überhaupt nicht verstehen?“

„Wie denn, Svenja, für mich war alles ok, wir wollten heiraten. Wir wären nun schon längst Mann und Frau, verheiratet! Wie geht es dem Baby?“

„Ich werde sie Emma nennen“

„Nach deiner Großmutter, ja, ein schöner Name. Wirst du diesen Fuzzi heiraten? Entschuldige, Erik meine ich natürlich?“

„Ja, nicht gleich, aber wir wollen schon eine richtige Familie sein.“

„Das wären wir auch gewesen, ich bin der leibliche Vater von unserer Emma. Warum zweifelst du daran, Svenja?“

„Können wir bitte andere Dinge besprechen? Ich wollte dich fragen, wann ich meine restlichen Sachen bei dir abholen kann.“

„Jederzeit, wann immer du möchtest oder es für erforderlich hältst. Svenja, ich kann nicht anders, wann hast du mich angeblich betrogen? Ich zermartere mir mein Hirn, immer wieder frage ich mich, warum hast du mich betrogen? Wann?“

„Es war 14 Tage vor meinem Mallorca-Auftrag, da habe ich Erik näher kennengelernt.“

„Wo hast du mich betrogen? In einem Hotel? Oder warst du bei Erik?“

„Bei Erik, ich kann mich aber auch daran nicht erinnern. Erik hat es mir gesagt.“

„Svenja ich hätte das gemerkt, wenn du mich betrogen hättest. Du warst wie immer, nur nach deinem Mallorca-Auftrag, da warst du in dich gekehrt, so, als wenn dich etwas belastet.“

„Habe ich dir etwas erzählt, was auf Mallorca geschehen ist?“

„Nein, ich habe dich mehrmals gefragt, aber du hast nichts erzählt. Sag mir bitte, ist dort etwas vorgefallen, was ich wissen sollte?“

„Nein, kann ich die restliche Garderobe doch noch bei dir lassen, Ich habe im Moment noch keinen Platz dafür.“

„Ja, natürlich. Du siehst gut aus, geht es dir auch gut?“

„Ja, Martin, alles in Ordnung.“

„Bitte verstehe es nicht falsch, egal, was passiert, ich bin immer für dich da!“

„Danke, Martin, ich weiß das zu schätzen.“

Beim Abschied umarmten wir uns wie selbstverständlich.

9
Warten auf unsere Emma

Erik und ich begannen Anfang Oktober, das Kinderzimmer für unsere Emma einzurichten. Wir entschlossen uns für zartrosa Wände. An einer Wand malte ich, wann immer es ging, mit meinem dicken Bauch, ein weißes Einhorn mit rosa Mähne und rosa Schwanz, eine lila Elfe und eine Prinzessin in weiß mit rosa Gewand und schwarzen Locken an die Wand. Zusammen kauften wir eine weiße Wickelkommode, darüber ein weißes Regal für Windeln, Öl, was man halt alles so braucht. Die Stubenwiege bekamen wir von Paul und Hiltrud geschenkt, aus Korb geflochten mit einem rosa Himmel. Ich umarmte die beiden. Wir hielten uns eine kleine Ewigkeit in den Armen. Ich konnte mich an meine Eltern immer noch nicht erinnern, aber ich spürte eine tiefe Verbundenheit. Hiltrud wischte sich nach unserer Umarmung wie immer eine kleine Träne der Rührung aus dem Augenwinkel.

In diesem Moment kam Erik hinzu, ich stellte ihn meinen Eltern vor. Bis jetzt hatte ich immer versucht, ein Treffen zu vermeiden. Warum, war mir nicht bewusst, vielleicht schämte ich mich auch, weil ich die Hochzeit mit Martin abgesagt hatte und lieber zu Erik gezogen war. Erik war sehr charmant zu Hiltrud und kumpelhaft zu Paul. Ich merkte an Hiltruds Reaktion, dass Erik ihr gefiel, bei Paul bemerkte ich gegenüber Erik eine mir unerklärliche Distanz. Erik dagegen war aufgekratzt und öffnete den Champagner. Bevor wir anstießen, hielt Erik um meine Hand bei meinen Eltern an. Als die beiden ihre Zustimmung gaben, ging er vor mir auf die Knie und bat mich, seine Frau zu werden. Ich stand stocksteif da, meine Gedanken rasten durch meinen Kopf, mir wurde warm, ich sah Bilder wie im Flug vorbeirasen und konnte nichts erkennen. Ich hörte Stimmen und konnte nichts verstehen. Mir wurde schwindelig.

„Svenja, was ist denn?“

„Schnell, Paul, lass uns Svenja auf den Fußboden legen.“

Hiltrud legte ein Kissen unter meinem Kopf. Erik holte mir ein Glas Wasser aus der Küche.

„Es geht schon wieder, geht schon“, stammelte ich.

„Nee, du bleibst noch ein wenig so liegen. Vielleicht ist es besser, einen Arzt zu rufen?“, fragte Hiltrud.

„Es geht wirklich schon. Papa, reich mir mal bitte deine Hand und Erik die andere Hand, ja?“

So zogen mich die beiden Männer hoch.

„Das mit der Hand reichen habe ich mir anders vorgestellt, Svenja. Geht es wirklich besser?“

„Ja."
„Willst du mich denn heiraten, Svenja?"
„Ja, aber erst wenn unsere Emma auf der Welt ist, vielleicht im Frühjahr? Außerdem passt mir mein Brautkleid so kurz vor der Entbindung auch nicht!"
„Das wäre kein Grund, dann kaufst du dir ein anderes!
„Nein, ich möchte nicht hochschwanger heiraten."
„Wir könnten doch jetzt standesamtlich und im Frühjahr kirchlich heiraten?", warf Erik ein.
„Lass mal unsere Svenja noch ein bisschen ausruhen", sprach Paul. „Wir gehen jetzt auch besser. Unseren Segen habt ihr und einen passenden Termin werdet ihr auch noch finden."
Als Paul außer Hörweite von den beiden war, sprach er zu Hiltrud: „Ich kann mir nicht helfen, ich mag den Erik nicht, ich kann auch nicht verstehen, warum muss man unbedingt heiraten, gerade in der Situation, wo sich unser Kind an nichts erinnert."
Hiltrud zog als Antwort lediglich ihre Schultern hoch.
Erik stand die Enttäuschung über meine Entscheidung im Gesicht geschrieben. Er tat mir leid aber ich konnte nicht aus meiner Haut.

Mit Julia traf ich mich vier Wochen später um Strampler, Mützen, Jäckchen für Emma zu kaufen. Ich verbrachte gerne Zeit mit Julia. In ihrer Nähe fühlte ich mich sehr wohl. Wir kauften die komplette Garderobe für Emma in rosa, weiß und gelb.

„Na, hoffentlich hat deine Frauenärztin nicht ein kleines Detail beim Ultraschall übersehen“, witzelte Julia, „sonst wird aus Emma Ernst und wir müssen alles blau einfärben.“

„Oh, bloß nicht“, lachte ich.

Anschließend gingen wir auf den Weihnachtsmarkt, auch wenn es heute nicht gerade gemütlich von den Temperaturen war, es nieselte und die Kälte kroch durch die Kleidung. Wir tranken Kakao, das heißt, ich trank Kakao, Julia einen herrlich duftenden Glühwein. Danach aßen wir genüsslich eine Bratwurst.

„Wird Erik bei der Geburt dabei sein?“, fragte Julia.

Ich zuckte mit den Schultern. „Er möchte schon, wir werden sehen, ob es klappt. Brrr, mir wird jetzt nach dem heißen Kakao richtig kalt. Wollen wir gehen?“, fragte ich Julia.

„Klar, ich bringe dich nach Hause.“

Zuhause angekommen fühlte ich mich irgendwie komisch. Erik war noch nicht da. Er hatte noch einen Termin in Hamburg mit anschließendem Essen. Ich machte es mir auf dem Sofa mit einer Decke bequem, als ich ein leichtes Ziehen auf der rechten Seite bekam, welches sich nach ca. vier Stunden auf den ganzen Bauch ausdehnte. Können das schon Wehen sein?, fragte ich mich, nahm mein Handy und fing an zu googlen. Ja, es sah so aus, als mochte unsere Emma nicht mehr warten. Plötzlich wäre es mir doch lieber gewesen, wenn Erik da gewesen wäre. Was mache ich jetzt? Martin fragen? Nein, auf keinen Fall. Hiltrud und Paul fragen? Nein. Ich rief Julia an.

„Hallo Julia, du, ich glaube der Kakao hatte Nebenwirkungen."

„Was? Ist dir schlecht? Mein Gott, war die Milch sauer?"

„Nein, nein, aber ich glaube, ich habe Wehen und Erik ist nicht da, er hat einen Termin in Hamburg. Kannst du mich in die Klink fahren? Ich möchte nicht alleine sein."

„Liebe Svenja, bleib ganz ruhig und schön in den Bauch atmen, hörst du? Bitte bleib ganz ruhig, ich bin gleich bei dir!", rief sie aufgeregt in den Hörer und legte auf.

Wenn es nicht so wehgetan hätte, hätte ich gelacht. Julia war aufgeregter als ich. Ich ging langsam, wirklich langsam im Schneckentempo ins Schlafzimmer und holte meine Entbindungstasche, die dort schon seit sechs Wochen stand, und wartete auf Julia, die wohl das letzte aus ihrem Auto rausgeholt hatte, denn sie war nach fünfzehn Minuten vor meiner Tür, um mich ins Krankenhaus zu fahren. Für die Strecke hatte ich locker fast dreißig Minuten gebraucht.

„Svenja, stütz dich bei mir ab, geh schön langsam."

„Hey, Julia entspann dich mal, ich bekomme nur ein Baby."

Wow, solche Schmerzen hatte ich mir nicht vorgestellt. Ein Wunder, dass immer noch Kinder geboren werden, dachte ich, als wir im Krankenhaus angekommen waren und die Hebamme mich untersuchte.

„Na Frau Albrecht, sieht so aus, als wenn Ihr Baby nicht warten möchte bis zum Nikolaustag."

„Naja, der zweite Dezember ist doch auch ein schönes Datum", fand ich.

„Sie hat sich aber prächtig entwickelt, gedreht hat sie sich auch schon. Es wird aber dennoch ein paar Stunden dauern. Soll ich jemanden anrufen, der Sie unterstützt oder bleibt Ihre Freundin bei ihnen?"

„Du bleibst doch, Julia? Könntest du bitte dennoch Erik anrufen? In meiner Handtasche dort drüben ist die Telefonnummer von Erik, wo der Führerschein steckt."

„Ja, gerne."

„Na dann hätten wir das geklärt", sagte die Hebamme und verließ den Geburtsraum.

„Kannst du die Schmerzen aushalten Svenja?"

„Hmoohhhhhhh, ja, geht so", antwortete ich gepresst. Der Schweiß stand mir auf der Stirn. Julia wischte ihn mir immer wieder ab und beruhigte mich mit den Worten: „Du schaffst das, du bist so tapfer, du schaffst das."

„Ohhhhhh wieder eine Wehe." So ging es nun schon drei Stunden, ich winselte nur noch.

In diesem Moment betrat Erik das Zimmer. Julia hatte ihn informiert und Erik hatte sofort in Hamburg alles stehen und liegen gelassen, um mir beizustehen. Er stand hilflos neben mir, während Julia ihren Job, mir den Schweiß abzuwischen, nicht abgab.

„Na, junger Mann, nun stehen Sie mal nicht so rum, stellen Sie sich hinter Ihre Frau und stärken Sie ihr den Rücken und Sie, Frau Albrecht, pressen, wenn ich es Ihnen sage. Alles verstanden?"

Erik und Julia nickten brav. Ich fing an zu stöhnen, mir war ganz egal, wer das alles hörte.

„So, pressen!", kam das Kommando. „Weiter, weiter, weiter, nicht nachlassen. Kurz in den Bauch tief einatmen und nochmal, pressen, fester! Noch fester!"

„Ahhhhhhh!", schrie ich aus vollem Hals, als ich

spürte, wie etwas aus mir flutschte, im wahrsten Sinne.

„Willkommen“, sagte die Hebamme. „Wie soll denn die Kleine heißen?“

„Emma“, stammelte Erik, der blass wie eine Wand war.

Julia klatschte in die Hände und rief: „Was für ein Wunder?“

Ich fing an zu weinen, die ganze Anspannung fiel von mir ab. Emma lag nun schon auf meinem Bauch. Meine Gefühle fuhren schon in diesem Moment Achterbahn, ich war froh, dass Emma auf der Welt war, ich hatte Angst vor der Zukunft. Ich hatte Angst! Doch wovor genau, konnte ich nicht sagen. Alle gratulierten mir und Erik … Erik war sehr ruhig und angespannt! Julia tanzte vor Freude. Sie war es auch, die Hiltrud und Paul informierte, dass ihre Enkelin Emma geboren wurde.

Zu Besuch kamen Hiltrud und Paul, aber erst am nächsten Tag. Auch das war wieder ein sehr emotionaler Tag. Hiltrud versicherte mir immer wieder, wann immer ich Hilfe bräuchte, dass sie und Paul für mich da wären. Am Nachmittag kam Martin vorbei, der sicher von Hiltrud von der Geburt erfahren hatte. Martin sah Emma an und sprach ganz leise: „Meine kleine Emma, ich werde dich immer beschützen, ich spüre, wir sind eins.“ Dabei wischte Martin sich Tränen aus dem Gesicht. Ich sagte nichts. Martin überreichte mir eine Kette für Emma, ein goldenes Herz. Auf der Vorderseite war der Name Emma eingraviert auf der Rückseite stand „Dein Papa“. Ich sah Martin an, konnte aber immer noch nichts sagen.

„Schau dir unsere Emma an, hier, so sah ich als Baby aus!“ Martin warf mir drei Säuglings Fotos von ihm aufs Bett. „Svenja, mach einen Vaterschaftstest, bitte! Ich kann mit der Ungewissheit nicht leben.“

Ehe ich mich gesammelt hatte, um zu antworten, war Martin regelrecht aus dem Zimmer gestürzt. Ich drehte die Kette, das goldene Herz, immer wieder in meiner Hand hin und her. War ich das meinem Kind nicht schuldig? Ihm genau zu sagen, wer der Papa ist. Für mich war es doch auch wichtig, nach meinem Unfall zu erfahren, wer ich bin und war. Emma hatte doch ein Recht zu erfahren, wer ihr leiblicher Vater ist. Mit diesem Gedanken schlief ich ein und wurde erst wieder wach, als Emma Hunger hatte und gestillt werden wollte.

In diesem Moment betrat Erik das Krankenzimmer mit einem riesigen Rosenstrauß. Es waren langstielige Baccara-Rosen, die ein Vermögen gekostet haben mussten. Erik nahm sich eine leere Vase von der Fensterbank und stelle die Rosen ins Wasser. Heute sah er nicht mehr so blass aus. Er setzte sich auf die Bettkante und beobachtete, wie ich Emma stillte. Emma saugte, als hätte sie Angst, morgen nichts mehr zu bekommen. Sie gluckste glücklich vor sich hin. Ich liebte meine Emma, egal, wer der Vater war, das stand für mich fest. Ein nie gekanntes Glücksgefühl übermannte mich. Nach dem Stillen machte Emma das erwartete Bäuerchen und schlief zufrieden in ihrem kleinen Bettchen ein.

„Wie geht es dir, Svenja?“

„Mir geht es gut, danke, Erik. Martin war kurz vor dir da. Er hat für Emma ein kleines Geschenk abgegeben. Martin möchte übrigens einen Vaterschaftstest.“

„Was soll das denn? Den brauchen wir nicht, ich bin Emmas leiblicher Vater. Wenn Martin nicht aufhört, uns damit zu belästigen, werde ich eine einstweilige Verfügung vom Amtsgericht anordnen lassen, damit er uns nicht mehr zu nahekommt. Was bildet der sich ein? Nur weil er damit nicht zurechtkommt, dass du ihn wegen mir verlassen hast. Der spinnt wohl. Ich werde einem Vaterschaftstest nicht zustimmen! Dass das ein für alle Mal klar ist. Wenn wir verheiratet sind, ist Emma eh meine Tochter.“

„Meinst du nicht, es wäre für uns alle besser Klarheit zu haben?“, gab ich zu bedenken.

„Svenja ich mache das auch wegen dir. Was ist,

wenn bei einem Vaterschaftstest rauskommt, dass keiner von uns der Vater ist, hast du darüber schon mal nachgedacht? Du hattest mir doch gegenüber geäußert, dass du auf Mallorca vergewaltigt worden bist. Wie willst du damit weiterleben, wenn du Gewissheit hast? Es ist doch besser, wenn wir in dem Glauben bleiben, ich bin Emmas Vater und werde immer für sie sorgen."

Mir verschlug es die Sprache. Erik fand doch die Vergewaltigung absurd und nun räumte er ein, dass es doch möglich gewesen sein könnte. Ich konnte es nicht fassen.

„Svenja, auch wenn du nichts dazu gesagt hast, ich werde einem Vaterschaftstest nicht zustimmen. Hast du mich verstanden? Solltest du ohne mein Wissen einen Vaterschaftstest machen, kannst du ihn nicht gegen mich verwenden. Ich hoffe, das ist dir klar, seit 2012 ist das verboten." Eriks Stimme klang ungewöhnlich kalt.

„Nein natürlich würde ich das ohne deine Zustimmung nicht machen." Warum war ich darauf nicht schon eher gekommen? Wenn ich Zweifel an Martins Vaterschaft gehabt hatte, hätte ich dann nicht schon vor meinen Unfall einen Vaterschaftstest machen lassen? Ich nahm mir fest vor, meine Frauenärztin diesbezüglich aufzusuchen. Die Stimmung zwischen mir und Erik war irgendwie dahin. Es wunderte mich nicht, dass er sich kurz nach unserem Gespräch von mir und Emma verabschiedete.

Am nächsten Tag holte er uns aber wie versprochen ab und brachte uns nach Hause. Emma schien es in ihrem rosa Mädchenzimmer gut zu gefallen. Sie schlief viel und weinte nur, wenn sie Hunger hatte. Ich saß manchmal vor ihrem Bettchen und beobachtete sie. Meine Sorgen während der Schwangerschaft waren wie ausgelöscht. Emma war das schönste, was mir seit meinem Unfall passiert war. Martin hatte sich seit dem Krankenhausbesuch nicht mehr bei mir gemeldet. Weihnachten verbrachten wir mit meinen Eltern und Julia bei uns, wegen Emma. Es war mein erstes Weihnachtsfest nach dem Unfall. Hiltrud brachte die vorbereitete Gans mit, Julia steuerte selbst gemachte Kartoffelknödel zum Essen dazu, ich kochte eine Hochzeitssuppe mit Eierstich, Spargel und kleinen Klößen, Erik besorgte einen guten Rotwein. Ich wartete immer noch darauf, dass mein Gedächtnis sich an irgendetwas erinnerte, aber es kam nichts, selbst die herrlichen Gerüche erzeugten keine Erinnerungen. Einzig die Weihnachtslieder, die konnte ich alle mitsingen und ich wusste nach wie vor, dass mein Lieblingslied „Last Christmas“ war. Außer mir wollte das aber keiner mehr hören.

Die Stimmung war sehr friedvoll und schön. Emma wurde mit Geschenken überhäuft. Ich bekam von Erik einen Verlobungsring in weißgold mit einem Diamanten geschenkt. Ich schenkte Erik Lederhandschuhe in einem Cognac-Ton. Nicht gerade einfallsreich, aber ich tat mir schwer, andere zu beschenken. Außer bei Julia, da fiel es mir leicht, sie bekam von mir ein Wellnesswochenende geschenkt. Julia zeigte ihre Freude, indem sie mit mir lachend um den in Rot geschmückten Weihnachtsbaum tanzte. Ich war so froh, dass Julia meine Freundin war.

Hiltrud bekam von mir eine dunkelblaue Strickjacke aus Angorawolle und Paul einen neuen Ledergürtel. Eriks Eltern leben seit zwanzig Jahren in Kanada. Da sie auch schon älter waren, wollten sie diese Strapazen, uns zu besuchen, nicht mehr auf sich nehmen. Wir hatten heute Morgen zusammen geskypt und ich hatte mich und Emma vorgestellt. Ein komisches Gefühl. Erik hatte seinen Eltern schon vorher von uns berichtet. Ich empfand eine Kommunikation, wenn man sich noch nie persönlich gesehen hat, als sehr anstrengend. Mein und Emmas erster Weihnachtsabend ging sehr schnell vorbei. Überhaupt erlebten Emma und ich viele Dinge zum ersten Mal.

10
Die Wahrheit kommt ans Licht

Am achtundzwanzigsten Dezember hatte ich einen Termin bei meiner Frauenärztin. Emma blieb bei Erik. Nach der Untersuchung fragte ich meine Ärztin, ab wann es möglich sei, in der Schwangerschaft einen Vaterschaftstest machen zu lassen.

„Frau Albrecht das haben wir doch bei Ihnen gemacht in der zehnten Schwangerschaftswoche."

„Wie, das haben wir doch gemacht."

„Sie sind doch, warten Sie mal …" Während sie sprach, schaute sie in ihrem Computer nach. „Da steht es doch, am zehnten Mai sind sie bei mir gewesen. Ich habe ihre Schwangerschaft festgestellt und den Mutterpass ausgestellt. Danach haben sie mir erzählt, dass sie Angst haben, dass das Kind eventuell aus einer Vergewaltigung stammen könnte. Sie erzählten mir von einem Abend auf Mallorca, wo sie einen Filmriss hatten. Ich habe Ihnen zu einem Vaterschaftstest geraten. Sie haben dann Haare von ihrem zukünftigen Mann Herrn Martin Schreiber abgegeben. Dieses Testergebnis kam sieben Tage später und hat ergeben, dass Herr Schreiber zu 99,9 Prozent der Vater Ihres ungeborenen Kindes ist. Sie waren total erleichtert, sie haben sich damals so sehr gefreut. Ja, dann, am 19. Juni, hatten Sie diesen grauenvollen

Unfall."

„Habe ich dieses Ergebnis schriftlich bekommen?"

„Ja, natürlich ich habe eine Kopie in meinen Unterlagen eingescannt, Ihnen gab ich das Original mit. Frau Albrecht, wenn Sie das nicht mehr haben, ist das kein Problem. Gerne drucke ich Ihnen das noch einmal aus."

„Danke, das wäre sehr nett von Ihnen."

Mir blieb fast die Luft weg. Ich verabschiedete mich und setzte mich ins Auto, um nachzudenken. Dann habe ich damals, vor meinem Unfall, schon gewusst, egal, was auf Mallorca passiert war, es hat für mein Leben keine Rolle gespielt. Wo hatte ich denn den Vaterschaftstest versteckt? Habe ich den eventuell zerrissen, weil er für mich nicht mehr wichtig war, denn ich wollte doch Martin heiraten.

„Mann, Svenja, versuch dich zu erinnern, es ist wichtig", sprach ich zu mir selbst. Es fiel mir nichts ein. Was sollte ich denn nun machen? Bei Erik bleiben, den ich ja mehr liebte als Martin? Ich konnte nicht mehr denken und fuhr ziemlich verwirrt nach Hause. Als ich die Tür aufschloss, hörte ich Erik, wie er mit Emma ganz leise sprach, fast flüsterte er: „Glaube mir meine kleine Prinzessin ich werde alles wiedergutmachen, ich werde immer für dich da sein. Ich habe diese Chance ergriffen, das soll für uns alle ein gutes schönes Leben bedeuten. Ich werde dich immer lieben, meine kleine Prinzessin. Keiner wird dir je wehtun. Ich bin doch dein Papa und passe immer auf dich auf."

„Welche Chance hast du ergriffen?", fragte ich.

„Hallo Svenja ich habe dich gar nicht kommen gehört. Ich meinte damit, ich habe die Chance ergriffen, um dich zu bitten, meine Frau zu werden. Ich bin froh, dass wir dann eine Familie werden. Schön, dass du wieder da bist. Ist alles in Ordnung mit dir?"

„Ja, Erik. Ich stille nun Emma, die kleine Maus hat sicher schon Hunger. Ist es okay für dich, wenn ich danach noch einmal kurz zu Julia fahre?"

„Ja, wenn dir das nicht zu viel wird."

„Nein, ich bleibe nicht lange."

Nach dem Stillen fuhr ich ohne mich vorher anzukündigen zu Julia. Ich musste jemandem erzählen, was ich heute erfahren hatte.

Julia hörte mir die ganze Zeit aufmerksam zu. „Was willst du nun machen, Svenja? Gehst du zurück zu Martin?"

„Nein, das werde ich nicht tun. Nur Erik wird sehr enttäuscht sein, wenn er erfährt, dass er nicht Emmas Vater ist. Weißt du, mich beschäftigt die ganze Zeit, dass ich Martin heiraten wollte und das hätte ich doch nicht gemacht, wenn ich mit Erik glücklich gewesen wäre, oder?“

„Das hat ja keiner von uns verstanden. Svenja, irgendetwas stimmt nicht mit Erik. Wie verhält er sich denn dir gegenüber?“

„Völlig normal. Zwei Menschen haben sich mir gegenüber komisch verhalten, das Model Miri und Anna am Anfang.“

„War eine davon mit auf Mallorca?“

„Ja, beide.“

„Welche war dir am unsympathischsten?“

„Miri, eindeutig.“

„Hast du ihre Telefonnummer?“

„Ja, die habe ich.“

„Dann ruf sie bitte an und triff dich auf einen Kaffee mit ihr. Frag sie speziell nach Mallorca. Bitte mach es gleich.“

Ich nahm mein Handy zur Hand, nach wenigen Sekunden meldete sich Miri.

„Hallo Svenja, was verschafft mir denn die Ehre? Hast du einen neuen Auftrag an Land gezogen? Dann muss ich dich leider enttäuschen, ich breche meine Zelte hier ab.“

„Nein, Miri, um ehrlich zu sein, möchte ich mich mit dir gerne über unseren gemeinsamen Auftrag im letzten Frühjahr auf Mallorca unterhalten. Vielleicht hast du morgen Zeit auf einen Kaffee? Hallo Miri, bist du noch dran?“

„Ja, ich habe nur gerade überlegt, ob dein zukünftiger Mann davon weiß."

„Wieso sollte er?"

„Hör zu, ich will keine Schwierigkeiten mit Erik bekommen. Wie gesagt, ich breche meine Zelte hier auch ab."

„Bitte, es ist total wichtig für mich! Können wir uns nicht vorher sehen?"

„Nein, frag einfach. Ich werde versuchen, deine Fragen zu beantworten. Vielleicht ist es sogar besser, wenn wir uns nicht treffen. Denn manchmal ist es einfacher, am Telefon über unangenehme Dinge zu sprechen."

Julia signalisierte mir, ich sollte weiterreden. Ich stellte auf Lautsprecher, sodass sie mithören konnte. Julia nahm ihr Handy zur Hand und drückte auf Aufnahme.

„Miri an unserem letzten Abend auf Mallorca, wo wir alle etwas zu viel getrunken hatten, ist dir da etwas aufgefallen an mir oder Erik?"

„Na du warst wie immer brav und sittsam, Erik war auch wie immer, er baggerte die ganze Zeit an dir rum."

„Du, Miri, wir waren da ja schon zusammen, es sollte nur keiner wissen."

„Was redest du da? Spinnst du? Erik und ich waren zusammen. Wir hatten nur getrennte Zimmer wegen der Spesenabrechnung."

„Erik hat mir erzählt, dass wir zusammen waren. Ich hatte den Wunsch geäußert, das nicht an die große Glocke zu hängen. Du weißt doch sicher, dass ich mich an nichts mehr, was vor meinem Unfall geschah, erinnern kann."

„Was du nicht an die große Glocke hängen solltest, war, dass er, nachdem du auf dein Zimmer gegangen bist, hinter dir her gegangen ist. Als ich Erik in seinem Zimmer besuchen wollte, war er nicht da. Ich zählte schnell eins und eins zusammen und klopfte an deine Tür. Nachdem ich euch stöhnen gehört habe, bin ich unaufgefordert in dein Zimmer eingetreten. Das, was ich sah, sah nicht einvernehmlich aus. Erik erschrak und brüllte mich an, ich sollte sofort auf mein Zimmer gehen und den Mund halten. Am nächsten Morgen hast du überall erzählt, dass dir irgendjemand was in dein Getränk getan haben muss. Jemand hätte dich vergewaltigt. Du hattest einen Filmriss. Erik versprach mir, dass es ein Ausrutscher war. Ich sollte niemandem etwas sagen, das würde uns sonst unsere Karriere kosten. Es sei ja niemand zu Schaden gekommen und an den Spaß konntest du dich noch nicht einmal erinnern. Ich hielt den Mund, weil ich dachte, Erik heiratet mich, und meinem zukünftigen Mann wollte ich einen Vergewaltigungsprozess ersparen. Als ich aber nach deinem Unfall gehört habe, dass du schwanger bist, wollte ich Erik anzeigen. Erik bot mir Geld an. Ich bin nicht stolz darauf, Svenja, aber ich habe die 50.000 Euro genommen. Das ist viel Geld. Damit kann ich mir endlich einen Traum erfüllen. Da du mit Erik zusammengezogen bist, dein Kind von ihm ist, ist für euch ja auch alles prima. Ich wünsche euch ein langes, glückliches Leben."

„Wie konntest du nur!", schrie ich in den Hörer. Mir liefen die Tränen herunter. Ich musste mich setzten. Mein Herz schlug wie wild.

„Mach, was du willst, Svenja. Mich seid ihr los. Tschau!" Miri legte auf.

Julia beendete die Aufnahme, nahm mich in den Arm und schaukelte mich hin und her. Nach einiger Zeit stand ich vom Sofa auf.

„Julia, was soll ich nun machen?"

„Zieh dir die Jacke an, wir fahren zu Erik. Ich komme mit."

Im Auto schwiegen wir. Mir war, als würde wieder einmal mein Leben aus den Fugen geraten. Ich liebte meinen Vergewaltiger! Nicht nur auf mein Gedächtnis war kein Verlass mehr, sondern auf mein Herz auch nicht. Als wir angekommen waren, zitterten mir so sehr die Hände, dass ich die Wohnungstür nicht aufschließen konnte. Julia nahm mir den Schlüssel aus der Hand und schloss auf.

Erik kam uns entgegen. „Da bist ja, meine Prinzessin! Oh, guten Abend Julia, ich wusste nicht, dass Svenja Besuch mitbringt. Ist etwas passiert?“

Julia ging ohne ein Wort zu sagen ins Wohnzimmer. „Wo ist Emma?“, fragte ich.

„Sie schläft tief und fest. Was ist passiert?“

„Setz dich, Erik, und hör gut zu.“

Julia holte ihr Handy raus und spielte Erik die Aufnahme von Miri vor. Erik schlug die Hände vors Gesicht und stammelte: „Ich wollte das doch nicht, ich war betrunken.“

Während Erik sich sammelte, steckte Julia ihr Handy wieder in die Manteltasche und drückte vorher erneut die Aufnahmetaste. „Was genau wolltest du nicht, Erik? Svenja vergewaltigen?“, fragte Julia.

„Bitte, Svenja, du musst mir glauben, ich hatte zu viel getrunken, ich wollte dir nicht weh tun. Es ist doch nun alles gut. Ich kümmere mich doch um dich und Emma. Wir werden heiraten, Willst du deinen zukünftigen Mann anzeigen? Ich bereue zutiefst. Svenja, bitte sag doch auch etwas. Du liebst mich doch!“

„Was hast du mir ins Glas geschüttet Erik?“

„KO-Tropfen.“

„Die Geschichte die du mir erzählt hast, wir waren ein Paar, aber es sollte nur keiner wissen, stimmte nicht, richtig?“

„Wir waren einmal essen und ich fand dich gut. Du hast mir aber zu verstehen gegeben, dass du Martin liebst und heiraten wirst. Dann waren wir auf Mallorca, danach hörte ich das Gerücht, dass du schwanger bist. Ich hatte damals schon Angst, dass alles rauskommt, dass ich der Vater von Emma bin. Wie sollte ich dir das denn alles erklären? Ich schrieb dir Mails und dann wolltest du dich mit mir treffen und mir etwas sagen. Ich wusste nicht, was, und habe es auch nie erfahren. Der Zufall wollte es, dass ich an deinem Unfalltag zufällig vorbeikam. Ich sah auf der Straße dein Hochzeitskleid, mir war bewusst, du willst Martin heiraten. Ich nahm das Kleid an mich. Irgendwann erfuhr ich, du leidest an retrograder Amnesie. Das kam mir gelegen, also arrangierte ich alles, dass du glauben musstest du wolltest Martin verlassen und mich heiraten. Ich kaufte Garderobe für dich und hängte sie in meinen Schrank zum Brautkleid. Damit es noch glaubwürdiger wurde, habe ich, als wir uns beim Italiener getroffen haben und du auf der Toilette warst, meinen Wohnungsschlüssel mit dem roten Ring an dein Schlüsselbund gehängt."

„Warum hast du die gleiche Tapete im Schlafzimmer wie Martin?"

„Du hast mir irgendwann bei einem Auftrag beiläufig erzählt, dass Martin die Tapete von Harald Glööckler anbringt und dass sie dir so gut gefällt."

„Erik, als ich dich treffen wollte, wollte ich dir sagen, dass du nicht Emmas Vater bist. Ich musste so lange warten, weil ein pränataler Vaterschaftstest erst ab der zehnten Schwangerschaftswoche gemacht werden kann. An diesem Tag erhielt ich das Ergebnis. Martin ist Emmas Vater! Du wolltest mich heiraten, um deiner Strafe zu entgehen? Unglaublich!"

Erik sprach kein Wort mehr, er saß mit gesenktem Kopf da. Julia griff in ihre Manteltasche und stoppte die Aufnahme. „Svenja, bitte pack die wichtigsten Sachen ein. Du und Emma kommt zuerst einmal mit zu mir. Bei diesem Schwein bleibst du keine Minute länger."

Ich packte das Nötigste ein, nahm Emma auf den Arm und ging ohne ein Wort.

Die darauffolgenden Wochen waren furchtbar. Flashbacks beherrschten meinen Alltag. Immer wieder sah ich Bilder und hörte Stimmen, aber nichts passte richtig zusammen, obwohl ich doch nun die Wahrheit kannte. Ich musste lernen, ein Leben ohne Vergangenheit bis zum achtunddreißigsten Lebensjahr zu führen.

Ich erzählte lediglich Hiltrud, Paul und Martin, was wirklich passiert war. Nach drei Wochen die wir bei Julia gelebt haben, fand ich zufällig eine Dreizimmerwohnung in der Nähe von Hiltrud und

Paul. Dort zog ich mit meiner kleinen Emma ein. So konnte Emma ihre Großeltern regelmäßig sehen. Martin sieht seine Tochter auch regelmäßig, aber ob wir jemals wieder ein Paar werden, steht in den Sternen. Martin ist ein wundervoller Papa für unsere Emma. Ich hätte mir keinen besseren Vater wünschen können.

Erik habe ich nicht angezeigt. Ich wollte nicht vor Gericht ohne Erinnerung stehen. Ob Miri für mich ausgesagt hätte? Die Aufnahmen von Julia wären vor Gericht anfechtbar gewesen. Ich habe Erik freundlich gebeten, nachdem ich ihm die Aufnahme von Miri und ihm vorgespielt habe, aus unserem Leben zu verschwinden und sich im Ausland eine neue Existenz aufzubauen. Das tat er ohne Widerstand.

Wie gerne würde ich meine Erinnerungen von der Straße aufheben!

ÜBER DIE AUTORIN

Mein Name ist Pia Herzog, 62 Jahre alt. Ich wohne seit meinem 17. Lebensjahr im Landkreis Schaumburg.

Dieses Buch ist eine freie Erfindung von mir, Namensgleichheit mit lebenden Personen ist von mir nicht beabsichtigt und wäre absolut zufällig. Ich erkläre, dass ich keine Verletzungen der Rechte von Dritten beabsichtige.